생생한 LIVE 중국어 읽기

초급편

정태업, 손기, 이효영, 쉬리 공저

정태업

중국 남경대 중문학 박사
부산외국어대학교 중국학부 교수

〈유피 중국어〉, 〈클릭중국어회화〉,
〈중국 대외관계의 어제와 오늘〉, 〈젊은이여 대한민국을 바꾸자〉,
〈화간집전역〉, 〈온정균사전주〉 등과 다수의 논문

손기(孙淇)

중국 동북사범대 교수역임
부산외국어대학교 중국학부 교수

〈国际汉语教师课堂技巧教学手册(국제중국어교사수업기법)〉 등

이효영

중국 남경대 중문학 박사
부산외국어대학교 중국학부 교수

〈중국어 현지회화의 모든 것〉, 〈고등학교 중국어 작문〉,
〈이중언어교육을 위한 중국어 초급〉, 〈21세기 중국! 소통과 뉴 트렌드〉 등과
〈Tandem 학습법을 활용한 중국어 교육방안〉 등 다수의 중국어 교육 논문

쉬리(许莉)

중국 청화대 석사, 서울대학교 박사수료
부산외국어대학교 중국학부 교수

생생한 LIVE 중국어 읽기 초급편

1판 1쇄 발행 _ 2016년 8월 30일
1판 2쇄 발행 _ 2020년 8월 30일

저 자 • 정태업 · 손기 · 이효영 · 쉬리
발 행 인 • 정 현 걸
발 행 • 신 아 사
인 쇄 • 한승인쇄
출판등록 • 1956년 1월 5일 (제9-52호)
주 소 • 서울특별시 은평구 통일로 59길 4 (2층)
전 화 • 02)382-6411 · 팩스 02)382-6401
홈페이지 • www.shinasa.co.kr
E-MAIL • shinasa@daum.net

ISBN 978-89-8396-948-4 (93720)

정가 *15,000*원

머리말

중국어의 언어적 특징 가운데 하나가 성조가 있다는 것이다. 때문에 멋진 중국어를 구사하기 위해서는 성조의 정확한 표현이 무엇보다도 중요시 된다. 그런데 처음 중국어를 접하는 학습자들이 가장 힘들게 느끼는 부분이 성조이다. 겨우 성조에 맞추어 읽어도 문장이 좀 길어지면 성조가 흐트러지기 일쑤다. 주로 이즈음 중국어 학습자들이 고민에 빠진다. 전공이 아닌 재미 삼아 중국어를 공부하던 사람들도 이즈음 포기하는 경우가 많다.

교육 현장에서 여러 해 동안 이런 문제를 두고 해결 방안을 모색해 보았다. 그러던 중 기초 과정을 배운 학생들에게 읽기 훈련을 시켰을 때 성조와 발음을 정확하게 구사하게 된다는 것을 알게 되었다. 동시에 중국어 실력 또한 빠르게 향상되는 것을 보았다. 즉 읽기학습은 초급과정에서 중급과정으로 가장 편하고 빨리 넘어갈 수 있는 첩경이며 동시에 유창한 중국어를 구사할 수 있는 가장 기초가 되는 과정이라 할 수 있다.

본 교재는 그러한 점에서 다음 몇 가지에 중점을 두고 편찬했다.

첫째, 백자에서 삼 백자 정도의 재미있고 간단한 문장을 제한된 시간 안에 틀리지 않고 읽을 수 있도록 반복 연습함으로써 정확한 발음과 성조를 구사할 수 있도록 책을 구성했다.

둘째, 지금까지의 교재들과는 차별적으로 본문의 주요 문장을 하나하나 분석하고 해설을 넣어서 읽기와 동시에 문장의 구성원리를 파악해 중국어 독해 능력이 향상되도록 했다.

셋째, 각 과마다 HSK에 자주 나오는 주요 어법을 체계적이고 자세히 설명했다. 또 각 과가 끝날 때 마다 재미있는 중국의 문화나 지역적 특징들을 사진과 함께 설명을 넣어서 중국에 대해 눈으로 보면서 이해할 수 있도록 했다.

세상에서 가장 아름다운 소리가 학생들의 책 읽는 소리라고 한다. 중문학도에게 있어서 가장 아름다운 소리는 유창한 중국어로 중국책을 읽는 것이 아닐까 싶다. 본 교재의 읽기연습을 통해 모두가 유창한 중국어를 구사하고 중국어 독해 능력을 향상해 중국 각 분야의 전문가로 성장하기를 바란다.

끝으로 본 교재를 만들면서 본문 선택부터 어법 설명, 마지막 수정까지 수고를 아끼지 않은 모든 집필진과 교재 녹음에 도움을 주신 여러 교수님들에게 감사의 말씀을 전한다. 책으로 출판하려고 원고를 보니 너무 부족하고 부끄러운 부분들이 많이 보인다. 이 모든 책임을 집필진의 몫으로 돌리며 여러 전문가들의 많은 질타를 부탁 드린다.

2016년 여름, 집필진 일동

CONTENST

■ 품사

명 : 명사
부 : 부사
대 : 대명사
능 : 능원동사(조동사)
동 : 동사
개 : 개사(전치사)
수 : 수사
감 : 감탄사
형 : 형용사
연 : 연사(접속사)
양 : 양사

■ 문장성분

중국어의 문장성분은 6개이다. '주어, 술어, 목적어, 부사어, 관형어, 보어'로 구성된다.

서술어 - 위어(谓语)라고도 하며, 동사, 형용사 일부 명사, 주술구 등이 술어가 된다.
목적어 - 빈어(宾语)라고도 하며, 주로 동작 행위와 관련된 사물을 의미한다.
부사어 - 상황어(状语)라고도 하며, 술어 앞에서 술어를 수식하거나 한정한다.
관형어 - 정어(定语)라고도 하며, 주어나 목적어를 수식하며, 명사나 대명사, 수사, 명사구 등이 관형어가 된다.
보어 - 보어(补语)라고 하며, 술어 뒤에서 술어의 결과, 방향, 정도, 가능, 수량, 상태 등을 보충 설명한다.

第 1 课

哈尔滨的冬天

이 과에서는

형용사 술어문에 대해 공부합니다. □ 국제 중국어 문법등급 1급
자주 활용되는 **접속사**를 공부합니다.
겨울 축제로 유명한 중국의 **하얼빈**에 대해 알아봅니다.

단어 익히기

No.	단어	병음	뜻	급수
1	气温	qìwēn	명 기온	
2	以下	yǐxià	명 이하	
3	虽然…但是	suīrán …dànshì	비록 …하지만	
4	却	què	부 …지만, 하지만	신HSK4급
5	雪糕	xuěgāo	명 아이스크림	
6	不是…而是	búshì …érshì	…가 아니라 …이다	
7	直接	zhíjiē	형 직접, 바로	신HSK4급
8	冰灯	bīngdēng	명 얼음등	
9	宫殿	gōngdiàn	명 궁전	신HSK6급
10	人像	rénxiàng	명 인물상, 인물조각	
11	动物	dòngwù	명 동물	
12	冰雕	bīngdiāo	명 얼음조각	
13	亮	liàng	형 밝히다, 밝다, 빛나다	신HSK5급
14	颜色	yánsè	명 색, 색깔	신HSK2급
15	极	jí	형 최고로	신HSK3급

본문 읽기

哈尔滨的冬天
Hā' ěr bīn de dōngtiān

哈尔滨的冬天非常冷，气温常常在 -30℃以下。
Hā' ěr bīn de dōngtiān fēicháng lěng, qì wēn chángcháng zài língxià sānshídù yǐxià

虽然天气很冷，但是屋子里却很热，所以大家都喜欢
Suīrán tiānqì hěn lěng, dànshì wūzi li què hěn rè, suǒyǐ dàjiā dōu xǐhuān

在冬天吃雪糕。
zài dōngtiān chī xuěgāo.

不过，雪糕不是放在冰箱里的，而是放在外面大街
Búguò, xuěgāo búshì fàngzài bīngxiāng li de, ér shì fàngzài wàimian dàjiē

上，客人可以直接买着吃。
shang, kèrén kě yǐ zhí jiē mǎi zhe chī.

冬天的哈尔滨，街上有很多用冰做的冰灯，有宫殿，
Dōngtiān de Hā'ěrbīn, jiēshang yǒu hěnduō yòng bīngzuò de bīngdēng, yǒu gōngdiàn,

有人像，还有各种小动物。到了晚上，这些冰雕就会亮起
yǒu rénxiàng, háiyǒu gè zhǒng xiǎodòngwù. Dào le wǎnshang, zhè xiē bīngdiāo jiù huì liàngqǐ

各种颜色的灯，漂亮极了！
gè zhǒng yánsè de dēng, piào liang jí le!

낭독 목표: 60초

본문 독해 & 문장 분석

1 哈尔滨的冬天非常冷，气温常常在-30℃以下。

하얼빈의 겨울은 굉장히 추워서 기온이 자주 영하 30도 이하가 됩니다.

문장분석

哈尔滨的	冬天	非常	冷（술어），	气温	常常	在（술어）	-30℃以下。
하얼빈의	겨울은	매우	춥다	기온은	자주	~가 되다	영하 30도 이하

- **常常** : '늘, 항상, 자주'의 뜻을 가진 부사이다. 비교적 빈도수가 많음을 나타낸다.

  1) 他上课常常迟到。

  2) 韩国的夏天常常下雨。

- **以下** : '~이하'의 뜻을 가진 명사이다. 수량이나 위치, 등급을 나타내는 명사 뒤에 위치한다. 반대말로는 以上이 있다.

  1) 十五岁以下的孩子不可以看这部电影。

  2) 水在0度以下就会结冰。

2 虽然天气很冷，但是屋子里却很热，所以大家都喜欢在冬天吃雪糕。

비록 날씨는 아주 춥지만 그러나 집안은 오히려 매우 따뜻해서 모두들 겨울에 아이스크림 먹기를 좋아합니다.

문장분석

虽然	天气	很	冷（술어），	但是	屋子里	却	很	热（술어），
비록	날씨가		춥지만,	그러나	집 안은	오히려		따뜻하다

所以	大家	都	喜欢（술어）	在	冬天	吃（술어）	雪糕。
그래서	모두들	전부	좋아한다	~에	겨울	먹다	아이스크림

- **虽然… 但是** : '비록…하지만, 설령…일지라도'의 뜻을 가지고 있다. 주어 앞뒤에 쓸 수 있으며, 앞 문장과 뒷 문장이 호응 관계를 이루며 역접의 의미를 가진다.

  1) 虽然天气很热，但是他还穿着毛衣。

  2) 妹妹虽然喜欢唱歌，但是唱得不好。

- **却** : '…지만, 하지만'의 뜻을 가진 역접의 의미를 가진 부사이다.

  1) 我帮了他，他却不感谢。

  2) 我朋友学习非常好，却很谦虚。

> 추가단어
> * 谦虚 [qiānxū] : 겸손하다

- **所以** : '그래서, 그러므로'의 뜻을 가진 연사로, 결론이나 결과를 표현한다.

  1) 姐姐病了，所以没去公司上班。

  2) 因为台风，所以很多船都不能出海。

3

不过，雪糕不是放在冰箱里的，而是放在外面大街上，客人可以直接买着吃。

그러나 아이스크림을 냉장고에 넣어두지 않고 바깥 길가에 놓아 두어서 손님들이 바로 사 먹을 수 있습니다.

문장분석

不过，	雪糕	不	是 (술어)	放	在	冰箱	里	的，	而	是 (술어)	放	在	外面	大街	上，
그러나,	아이스크림	아니다		넣다	~에	냉장고	안	것,	바로	이다	두다	~에	바깥	길	

客人	可以	直接	买 (술어)	着	吃 (술어)。
손님은	~할 수 있다	직접	사다		먹다

● **不是…而是** : '…가 아니라, …이다'의 뜻을 표현한다.

1) 电脑不是弟弟弄坏的，而是哥哥弄坏的。

2) 他不是韩国人，而是中国人。

● **不过** : 연사로 '그러나, 하지만'의 뜻을 가진 역접의 의미를 표현한다.

1) 明天一起去学校吧，不过你不要迟到。

2) 这件衣服有点儿贵，不过质量很好。

● **V1 着 V2** : 동사 사이에 쓰여 연동형식을 만들어, 두 동작이 동시에 발생하거나 연이어 진행함을 표현한다. 주로 두 동작은 동작의 방식, 수단, 목적 등의 관계가 있다.

1) 爸爸每天走着去公司。

2) 孩子哭着跑回家。

4

冬天的哈尔滨，街上有很多用冰做的冰灯，有宫殿，有人像，还有各种小动物。

겨울 하얼빈의 거리에는 많은 얼음으로 만든 빙등, 궁전, 인물조각 그리고 여러 애완동물들이 있습니다.

문장분석

			(술어)								(술어)	
冬天的	哈尔滨,	街上	有	很多	用	冰	做的	冰灯,			有	宫殿,
겨울의	하얼빈은	거리에	있다	많은	~으로	얼음	만든	빙등			있다	궁전

(술어)			(술어)		
有	人像,	还	有	各种	小动物。
있다	인물조각,	또	있다	각종	애완 동물들

- **用**：'…이용하여, …로써'와 같이 어떤 수단이나 방법을 가지고 동작이 행해짐을 뜻한다.

  1) 中国人用筷子吃饭。

  2) 他喜欢用铅笔写字。

- **还有**：'그리고, 또한'의 뜻으로, 문장과 문장을 연결해 준다.

  1) 我有一个姐姐，还有一个哥哥。

  2) 公园里有很多花，还有很多鸟。

5 到了晚上，这些冰雕就会亮起各种颜色的灯，漂亮极了！

저녁때가 되면 이런 얼음조각품들이 다양한 색상의 등불을 밝히기 시작하는데 정말 예쁩니다.

문장분석

(술어)						(술어)				
到	了晚上，	这些	冰雕	就	会	亮	起	各种	颜色的	灯，
다다르다	저녁,	이러한	얼음조각들	곧	할 것이다	밝다	~기 시작하다	각종	색상의	등불

(술어)	
漂亮	极了！
예쁘다	최고로

- **些** : '조금, 약간, 몇'의 뜻을 가진 양사로 불확정적인 수량을 표현한다.

  1) 妈妈买了一些鸡蛋。

  2) 那些书都是哥哥的。

- **起** : 동사 뒤에 쓰여 '…하기 시작한다'의 뜻을 표현한다.

  1) 一看见妈妈，孩子就哭起来了。

  2) 说起自己的儿子，他就闭不上嘴。

- **极** : '정점에 이르다, 최고도의, 극도의, 최종의'의 뜻을 가진 단어로, 이 구문에서는 형용사나 심리 동사 뒤에 쓰여 형용사와 동사의 정도를 강조, 표현해주는 정도 보어로 쓰였다.

  1) 济州岛的风景美极了。

  2) 好极了，咱们现在就去看电影吧。

문법 더 이해하기

서술어의 종류 – '형용사 술어문'

형식: 주어 + 서술어(형용사 술어)

중국어 문장은 기본적으로 주어와 서술어로 구성된다. 서술어로 쓰이는 것은 일반적으로 동사가 대표적이지만, 동사 이외에도 형용사, 명사, 주술문이 있다. 본문에서 나온 '형용사 술어문'은 서술어가 형용사인 구문으로 동사 술어문과는 다른 특징을 가진다.

주의

1. 형용사 술어는 일반적으로 단독으로 쓰이기 보다는 "很, 非常, 太"와 같은 정도 부사와 함께 쓰인다.
   今天天气好。 → 今天天气很好。
   她漂亮。 → 她非常漂亮。

2. 그러나, 의문문과 대조 구문은 정도 부사의 수식 없이 단독으로 쓸 수 있다.
   那个好吗？
   厦门的天气，夏天不热，冬天不冷。

3. 형용사 술어문에서는 부정은 "不"로 나타낸다.
   他最近不忙。
   这个夏天不热。

4. 형용사 술어문에 문장 끝에 "了"를 쓰면 변화를 나타낸다.
   天气冷了。
   我爸爸身体好了。

중국 문화 더 알기

하얼빈의 얼음축제

하얼빈은 중국에서 가장 추운 도시로 매년 1월 초부터 2월 초까지 큰 규모의 얼음축제가 열립니다. 송화강 근처의 자오린 공원에서 열리는 얼음축제는 송화강의 얼어붙은 얼음을 이용하여 6만평방미터가 넘는 땅에 2000입방미터의 얼음을 사용해 거대한 얼음왕국을 만듭니다. 해마다 다른 주제로 만들어지는 이 얼음왕국을 들어가 보면 하나의 작은 얼음도시 속으로 들어온 것 같은 느낌이 듭니다. 특히 밤이 되어 얼음조각 속으로 불빛을 밝히면 정말 동화 속 세상에 들어온 것과 같은 착각이 듭니다.

얼음축제가 열리는 자오린 공원

또 낮에 타이양다오(太陽島)공원에서는 눈으로 만든 조각작품들을 전시합니다. 얼음축제 기간 동안 전시되는 작품 수는 무려 1500여점이 나 된다고 합니다. 하얼빈은 전세계의 얼음 조각가들이 모여 만든 작품들이 길거리의 조형물로 전시되어 도시의 낮과 밤을 화려하게 수 놓습니다.

눈 축제가 열리는 타이양다오 공원

第2课

北京好

이 과에서는

결과 보어에 대해 공부합니다. □ 국제 중국어 문법등급 5급

베이징의 대표적인 **문화유산**에 대해 알아봅니다.

단어 익히기

1 第一次	dìyīcì	명 첫 번째	
2 乡下人	xiāngxiàrén	명 시골사람	
3 房子	fángzi	명 집, 방	
4 坐	zuò	동 앉다, 타다	신HSK1
5 椅子	yǐzi	명 의자	신HSK1
6 院子	yuànzi	명 마당, 정원	
7 晒	shài	동 햇살 을 쬐다. 햇살이 비추다	신HSK5
8 生气	shēngqì	동 화내다	신HSK3
9 打	dǎ	동 때리다, 공격하다	
10 耳光	ěrguāng	명 따귀, 뺨, 뺨따귀	

본문 읽기

北京好
Běijīng hǎo

有一个乡下人，第一次去北京，看见什么东西都说
Yǒu yí ge xiāngxiàrén, dì yī cì qù Běijīng, kànjiàn shénme dōngxi dōu shuō

好。后来他回到家里，一进门就说："这房子没有北京的
hǎo. Hòulái tā huídào jiā li, yí jìn mén jiù shuō : "Zhè fángzi méiyou Běijīng de

好。"他坐下，又说："这椅子没有北京的好。"他走到院
hǎo." Tā zuò xià, yòu shuō : " Zhè yǐzi méiyou Běijīng de hǎo." Tā zǒu dào yuàn

子里，晒太阳，又说："这太阳也没有北京的好。"
zi li, shài tài yáng, yòu shuō : "Zhè tài yáng yě méi you Běijīng de hǎo."

吃午饭的时候，他说："这饭没有北京的好吃。"
Chī wǔfàn de shíhou, tā shuō : "Zhè fàn méiyou Běijīng de hǎo chī."

看见他太太，他又说："我太太也没有北京的女人好。"
Kànjian tā tàitai, tā yòu shuō : "Wǒ tàitai yě méiyou Běijīng de nǚrén hǎo."

他父亲听了这些话，很生气，就打了他一个耳光，
Tā fùqin tīng le zhè xiē huà, hěn shēngqì, jiù dǎ le tā yí ge ěrguāng,

说："耳光是不是也没有北京的好呢？"
shuō : "Ěrguāng shì bu shì yě méiyou Běijīng de hǎo ne?"

낭독 목표 : 60초

본문 독해 & 문장 분석

1 有一个乡下人，第一次去北京，看见什么东西都说好。

한 시골 사람이 처음으로 북경에 가서 어떤 것을 보든 모두 좋다고 했다.

문장분석

有一个乡下人，	第一次	去	北京，	看	见	什么东西	都	说	好。
		(술어)		(술어)				(술어)	
한 시골 사람이	처음으로	가다	북경에	보았다		무엇이든지	모두	말했다	좋다

● **看见**: 동사 '看' 뒤에 보어 '见'을 붙여 앞 동사에 대한 결과를 보충하여 나타낸다. 이를 결과보어라고 한다.

1) 刚才的声音你听见了吗？

2) 她看见她的母亲，就哭了。

● **说好**: 동사 술어 '说' 뒤에 결과보어 '好'를 써서 말한 결과가 어떤지를 보충 설명한다.

1) (无论)问他什么，他都说好。

2) 他看见什么都说好。

2 后来他回到家里，一进门就说："这房子沒有北京的好。"

뒤에 그가 집에 돌아와서 문을 들어서자 마자 말했다. "이 집은 북경의 집만 못하네"

문장분석

后来	他	回 (술어)	到	家里，	一	进 (술어)	门	就	说 (술어)：
뒤에	그가	돌아와서		집에	~하자마자	들어서다	문에	바로	말하기를 :

"这	房子	沒有	北京的	好"。
이	집은	~보다 못하네	북경 것	좋다

● **回到** : '回'라는 동사 뒤에 '到'라는 보어를 붙여 앞 동사에 대한 결과를 표현하고 있다. 즉 돌아왔음을 나타낸다.

1) 我真想回到小时候。

2) 孩子回到妈妈身边。

● **一进门就** : '一… 就'은 '… 을 하자 바로'라는 의미로 쓰인다.

1) 我一看就知道。

2) 他一躺下就睡着了。

● **沒有** :'없다'라는 의미 이외에도 다양한 의미를 가진다.
여기서는 '…만 못하다'라는 의미로 쓰인다.

1) 我没有你聪明。

2) 我的汉语没有妹妹的好。

3 他坐下，又说："这椅子沒有北京的好。"

그는 앉고는 또 말하길 "이 의자는 북경 것만 못하네"라고 하였다.

문장분석

	(술어)			(술어)					
他	坐	下，	又	说	："这	椅子	沒有	北京的	好。"
그는	앉고는,		또	말하길,	"이	의자는	만 못하네	북경 것	좋다"

- **坐下** : 단순히 '앉다'는 의미의 '坐'라는 동사 하나로 어떻게 앉는지 의미의 전달이 불완전하므로 아래로 앉는 방향을 나타내는 '下'라는 보어를 붙여서 의미의 전달을 보충한다. 이를 방향보어라 한다.

  1) 你快坐下。

  2) 我们坐下来喝咖啡吧。

- **又** : '또, 다시'라는 뜻으로 같은 상황이 반복되거나 계속됨을 뜻한다.

  1) 他下课后，又去图书馆了。

  2) 昨天他又迟到了。

4 他走到院子里，晒太阳，又说："这太阳也沒有北京的好。"

그가 정원에 가니 태양이 비추자 또 말하길 "이 태양도 북경 것 만 못하네" 라고 하였다.

문장분석

他	走(술어)	到	院子里,	晒(술어)	太阳,	又	说(술어) :
그가	걸어가니		정원에	비추다	태양이	또	말하다

"这	太阳	也	沒有	北京的	好。"
이	태양	~도	보다 못하네	북경 것	좋다

- **走到** : '走'라는 동사 뒤에 '到'라는 결과보어를 붙여 앞 동사 결과의 도착이나 완성을 나타낸다. 즉 걸어가서 도달하게 됨을 의미한다.

  1) 从这儿走到超市要五分钟。

  2) 从学校走到你家要多长时间？

5 吃午饭的时候，他说：“这饭没有北京的好吃。”

점심을 먹을 때 그는 “이 밥은 북경보다 맛이 없구나.” 라고 했다.

문장분석

吃 (술어)	午饭	的时候，	他	说 (술어)	：“这	饭	没有	北京的	好吃。”
먹다	점심을	~할 때,	그가	말하길,	이	식사는	보다 못하다	북경보다	맛있겠는가?

● **~的时候** : ‘~할 때’를 뜻한다.

1) 学习的时候，不要听音乐。

2) 你来的时候，请帮我买一杯咖啡。

6 看见他太太，他又说：“我太太也没有北京的女人好。”

그의 아내를 보고 그는 또 “내 아내도 북경 여인만 못해”라고 말했다.

문장분석

看 (술어)	见	他太太，	他	又	说 (술어)	：“我太太	也	没有	北京的	女人	好。”
보다		그의 아내를	그가	또	말하기를	내 아내	역시	만 못해	북경의	여인	좋다

7 他父亲听了这些话, 很生气, 就打了他一个耳光, 说 : “耳光是不是也没有北京的好呢 ?”

그의 부친이 이 말들을 듣고 화가 나서 곧 그의 빰을 한 대 때리며 말했다. “빰도 북경 것보다 못한 것이더냐?

문장분석

他	父亲	听 (술어)	了	这些话,	很生气, (술어)	就	打 (술어)	了	他	一个	耳光,	说 : (술어)
그	부친	듣고		이 말들을	화가 나서,	곧	때렸다		그의	한 대	빰을	말하기를

“耳光	是不是 (술어)	也	没有	北京的	好呢 ?”
빰이	~인 거냐?	역시	만 못해	북경 것	좋다

- **这些** : ‘些’는 불특정 다수를 나타내는 양사이다.

  1) 我昨天买了一些衣服。

  2) 那些书是我的。

- **是不是** : 동사의 긍정형과 부정형을 결합시켜 의문형을 만드는데 이를 ‘정반의문문’이라고 한다.

  1) 你喜不喜欢我 ?

  2) 你吃不吃饭 ?

- **呢** : 반어적으로 쓰여 사실의 확인과 상대방의 동의를 이끈다.

  1) 哪儿有这么便宜的衣服呢!

  2) 他学汉语学了十年了, 怎么会听不懂中国人说话呢 ?

문법 더 이해하기

보어의 종류 - 결과보어란

형식 : 서술어 + 결과보어 + (목적어)

결과보어는 동사의 동작이나 변화에 의해서 생긴 결과를 나타내고, 보충 설명하는 보어를 말한다. 예를 들면, "做完事儿", "일을 다 했다"라고 표현했을 때 '하다(做)'라는 동사에 대해 '끝냈다(完)'는 보어를 통해 결과가 완성되고 끝났음을 나타낸다. 자주 쓰이는 결과보어를 정리하면 다음과 같다.

종 류	뜻	예 문
好	원만한 결과	说好了 (말했다) 예)我们说好了不分手。
完	동작의 완료	吃完了 (다 먹었다) 예)我把蛋糕都吃完了。
到	목적 달성	买到了(샀다) 예)我买到了最新的手机。
住	고정	记住了(기억했다) 예)我记住了你的名字。
成	A가 B가 되다	A变成B(A가 B로 변하다) 예)水变成了冰。
懂	인지함	看懂(보고 이해하다) 예)你能看懂这封信吗？
见	감지함	看见(봤다(감지적)) 예)你看见我的钱包了吗？
在	(고정된 장소) ~에	住在中国(살다(중국에)) 예)我的姐姐住在中国上海。

주의

결과보어의 부정형은 '没'이다.

"没(有) + 동사 + 결과보어"

你的话我没有听懂。

당신 말을 나는 알아듣지 못했다.

그러나, 가정문의 결과보어 부정형은 '不'를 쓴다.

"不 + 동사 + 결과보어"

如果现在不做完作业， 明天老师会骂你。

만약 지금 숙제를 끝내지 않으면, 내일 선생님께 야단 맞을 것이다.

중국 문화 더 알기

북경인의 자부심을 나타내는 말 '빠치(霸气)'

북경 사람들은 자신들이 넓은 중국 대륙의 수도에 살고 있다는 자부심이 대단합니다. 옛날부터 그들의 곁에는 天子가 있었고 天子가 거주하는 황궁이 있었습니다. 지금도 중국의 최고 지도자들과 최고 정책결정 의결기관은 모두 북경에 있습니다. 따라서 그들은 자연히 나라의 일이나 국가정책, 국제문제에 많은 관심을 가지고 있습니다. 또 국가대사에 대해 적극적으로 토론하고 고민하며 불의를 보면 분연히 일어나기도 합니다. 중국의 근대화를 주창했던 '5·4 운동'이나 민주화를 요구했던 '천안문 사건'들도 모두 북경에서 일어났습니다.
이런 북경인의 우월적 자부심과 성격적 특징을 '빠치'라고 합니다.

북경 천안문광장의 모습

북경에는 몇 개의 세계문화유산이 있을까요?

1. 만리장성(长城)

세계에서 인간이 만든 구조물 중 가장 큰 규모를 자랑하며, 달에서도 보인다고 합니다.
'만리장성'은 중국 역대 왕조들이 북방민족의 침입을 막기 위해 만든 성벽입니다.
중국을 대표하는 건축물 중 으뜸이죠.

2. 자금성(紫禁城)

명, 청 대의 황궁으로 중국인들은 고궁(故宫)이라고 부릅니다.
지금은 거대한 관광지와 박물관으로 중국을 대표하는 역사 공간입니다. 거대한 고궁을 들어오는 문이 바로 중국 마오쩌둥의 초상화가 걸려있는 천안문이고, 이를 지나면 고궁으로 들어갈 수 있습니다.

3. 주구점(周口店) 북경유인원 유적

북경 근처 작은 탄광촌인 주구점에서 발견된 '북경유인원' 유적. '인류의 기원'을 밝힐 수 있는 중요한 유적지로 세계적으로 가치 있는 세계문화 유산입니다.

4. 이화원(颐和园)

죽기 전에 꼭 봐야 할 건축물로 손꼽히는 '이화원'. 청나라 황제의 여름 별궁이었던 이화원은 인공호수와 정자, 전각, 궁전, 교각 등이 있습니다. 중국 황실 정원을 대표하며 중국인의 미의식을 잘 반영하고 있습니다.

5. 천단(天坛)

중국의 황제들이 하늘에 제사를 지내던 장소입니다.
하늘이 둥글다는 고대 중국인의 생각을 반영하여 푸른 유리 기와를 3층 원형으로 지어올린 아름다운 건물입니다.

第3课

猜谜语

이 과에서는

다양한 **문장 종류**를 활용해 봅시다. □ 국제 중국어 문법등급 1,2,3급
정도보어, **가능보어**를 공부합니다. □ 국제 중국어 문법등급 5급
가정문을 표현해 봅니다.
가장 대표적인 교통수단인 **중국의 기차**에 대해 살펴봅니다.

단어 익히기

1 旅行	lǚxíng	명/동 여행하다	신HSK4
2 火车	huǒchē	명 기차	
3 无聊	wúliáo	형 무료하다, 심심하다	신HSK4
4 猜	cāi	동 추측하다, 알아맞히다	신HSK4
5 谜语	míyǔ	명 수수께끼	신HSK6
6 错	cuò	형 틀리다, 맞지 않다	신HSK2
7 要是	yàoshi	연 만약…이라면/하면	신HSK4
8 可是	kěshì	연 그러나, 하지만	신HSK4
9 所以	suǒyǐ	연 그래서, 그런 까닭	신HSK2
10 鸟	niǎo	명 새	신HSK3
11 脚	jiǎo	명 다리, 발	신HSK3
12 天上	tiānshàng	명 천상, 하늘	
13 最后	zuìhòu	명 최후, 마지막	신HSK3
14 回答	huídá	동 대답하다, 회답하다	신HSK3

본문 읽기

猜谜语
Cāi míyǔ

一位老师跟学生一起去旅行。
Yī wèi lǎoshī gēn xuésheng yìqǐ qù lǚxíng.

他们在火车上很无聊，就开始猜谜语。
Tāmen zài huǒchē shanghěn wūliáo, jiù kāishǐ cāi míyǔ.

老师说："如果我猜错了，我给你一块钱。要是你错了，你就给我一块钱。"
Lǎoshī shuō: "Rúguǒ wǒ cāi cuò le, wǒ gěi nǐ yíkuài qián. Yàoshi nǐ cuò le, nǐ jiù gěi wǒ yíkuài qián."

学生说："可是，您是老师，我是学生，所以，要是我猜错了，我给您五毛钱，好吗？"
Xuēsheng shuō: "Kěshì, nín shì lǎoshī, wǒ shì xuēsheng, suǒyǐ, yàoshi wǒ cāi cuò le, wǒ gěi nín wǔ máo qián, hǎoma?"

老师说："好，没问题。你先说吧。"
Lǎoshī shuō: "Hǎo, méi wèntí. Nǐ xiān shuō ba."

学生说："有一只鸟，在水里时，是四只脚，在天上时，是六只脚，请问，这是什么鸟？"
Xuēsheng shuō: "Yǒu yì zhī niǎo, zài shuǐli shí, shì sì zhī jiǎo, zài tiānshàng shí, shì liù zhī jiǎo, qǐng wèn, zhè shì shénme niǎo?"

老师说："我猜不出来，我给你一块钱。告诉我，这是
Lǎoshī shuō："Wǒ cāi bu chūlái, wǒ gěi nǐ yíkuài qián. Gào su wǒ, zhè shì

什么鸟？"
shén me niǎo?"

学生回答说："我也不知道，我给您五毛钱。"
Xuésheng huídá shuō："Wǒ yě bù zhīdào, wǒ gěi nín wǔ máo qián."

낭독 목표 : 60초

본문 독해 & 문장 분석

1 一位老师跟学生一起去旅行。

한 선생님이 학생과 함께 여행을 갔다.

문장분석

一	位	老师	跟	学生	一起	去 (술어)	旅行。
한	명	선생님	~과	학생	함께	가다	여행

- **跟** : 개사 '跟'은 '~와(과)'의 뜻으로 비슷한 개사로는 '和', '同'이 있다.

1) 我没跟他见过面。

2) 他跟我们一起学习。

2 他们在火车上很无聊，就开始猜谜语。

그들은 기차에 앉아서 아주 무료함을 느꼈고, 바로 수수께끼 맞추기 놀이를 시작했다.

문장분석

他们	在火车上	很	无聊（술어），	就	开始（술어）	猜	谜语。
그들은	기차에서	매우	지루하다	곧	시작하다…	맞추다	수수께끼

- **开始** : '시작하다'의 뜻을 가진 '开始'는 일반적으로 명사를 목적어를 가지는 동사와는 달리 '동사, 동사구, 형용사구' 등을 목적어로 가진다.

1) 现在开始考试。

2) 爷爷七十岁才开始学习英语。

3 老师说："如果我猜错了，我给你一块钱。要是你猜错了，你就给我一块钱。"

선생님이 말했다. "만약 내가 못 맞추면 내가 너에게 1위안을 주겠다. 만약 너가 못 맞추면 네가 나에게 1위안을 줘"

문장분석

	(술어)			(술어)			(술어)		
老师	说	："如果	我	猜	错了，	我	给	你	一块钱。
선생님	말하다	만약	내가	맞추다	틀리다	나	주다	너	일 위안

		(술어)				(술어)		
要是	你	猜	错了，	你	就	给	我	一块钱。"
만약	너가	맞추다	틀리다	너는	곧	주다	나	일 위안

- **如果~** : 연사 '如果'는 '만약, 만일'의 의미를 가지며 가정문을 만드는 단어이다.

  1) 如果你是老师，你会怎么回答这个问题？

  2) 如果我有钱，我就买那个电脑。

- **猜错了** : '猜错'는 '猜 + 错', '동사 + 결과보어'의 결합형태이다. 즉, 맞추기의 결과가 '틀렸다'를 의미한다.

  1) 你看错人了。

  2) 你打错电话了。

- **要是~，就~** : '要是' 역시 '如果'와 비슷한 뜻으로 '가정형'을 만드는 단어이다. '만약…이라면, 만약…하면'의 뜻을 가지며, '就'와 호응되는 경우가 많다.

  1) 要是没时间，你就不用来了。

  2) 要是你想去旅行，就去欧洲吧。

● **给** : '给'는 본문에서 서술어 '주다'의 뜻을 가지고 있다. '给'는 이중 목적어가 사용가능 한 동사이다.

즉, '我 给 你(간접목적어) 一块钱(직접목적어)'두 가지의 목적어를 가질 수 있다.

1) 妈妈给了我一个苹果。

2) 我要给他一个生日礼物。

4

学生说："可是，您是老师，我是学生，所以，要是我猜错了，我给您五毛钱，好吗？"

학생이 말했다. "그렇지만 당신은 선생님이고 나는 학생이니까 만약 내가 못 맞추면 내가 당신에게 5마오를 주는 것이 어때요?"

문장분석

学生	说 (술어)	："可是，	您	是 (술어)	老师，	我	是 (술어)	学生，
학생이	말하다	그러나	당신	~이다	선생님	나	~이다	학생

所以，	要是	我	猜 (술어)	错了，	我	给 (술어)	您	五毛钱，	好吗？"
그래서,	만약	나	맞추다	잘못	나	주다	당신	5마오	좋습니까?

● **所以**: 연사 '所以'는 '그래서, 그런 까닭에'의 뜻으로 결론을 표현할 때 사용한다.

1) 下雪了，所以这么冷。

2) 他学习特别努力，所以考上了北京大学。

5 老师说："好，没问题。你先说吧。"

선생님이 말했다. "좋아, 문제없어. 네가 먼저 말해봐라"

문장분석

老师	说 (술어)	："好，	没问题。	你	先	说 (술어)	吧。"
선생님	말하다	좋다	문제 없다	너	먼저	말해라	

6 学生说："有一只鸟，在水里时，是四只脚，在天上时，是六只脚，请问，这是什么鸟？"

학생이 말했다. "한 마리 새인데 물에서는 4개의 다리이고, 하늘을 날 때는 6개의 다리인 이것은 무슨 새일까요?

문장분석

学生	说 (술어)	："有 (술어)	一只	鸟，	在	水里	时，	是 (술어)	四只脚，
학생	말하다	있다	한 마리	새	~에	물속	~때	~이다	네 개 다리

在	天上	时，	是 (술어)	六只脚，	请	问 (술어)，	这	是 (술어)	什么	鸟？"
-에	하늘	~때	~이다	여섯 개 다리	좀	여겠습니다.	이것	~이다	무슨	새

7

老师想啊想啊，最后说："我猜不出来，我给你一块钱。告诉我，这是什么鸟？"

선생님이 생각하다 끝내 말했다. "내가 못 맞추겠다. 내가 네게 1위안을 주지. 말해봐 무슨 새야?"

문장분석

(술어) (술어) (술어) (술어) (술어)

老师 想 啊 想 啊, 最后 说 ："我 猜 不出来, 我 给 你 一块钱。

선생님 생각하다 생각하다 최후 말하다 나 맞추다 못 내다 나 -주다 너 1 위안

(술어) (술어)

告诉 我, 这 是 什么 鸟？"

알려주다 나 이것 -이다 무슨 새

● **猜不出来** : '猜 + 不 + 出来'는 '동사 + 가능보어'의 결합 형태로 '맞출 수 없다'로 해석해야 한다.

1) 我猜不出来他是哪国人。

2) 我看不出来他哪里不舒服。

8

学生回答说："我也不知道，我给您五毛钱。"

학생이 대답했다. "나도 몰라요, 내가 당신에게 5마오를 드리죠"

문장분석

(술어) (술어) (술어) (술어)

学生 回答 说 ："我 也 不 知道, 我 给 您 五毛钱。"

학생 대답하다 말하다 나 역시 모르다 나 주다 당신 5마오

문법 더 이해하기

다양한 문장 만들기

문장은 '서술문, 의문문, 명령문(청유형), 감탄문' 등 다양한 종류로 나누어진다. 다양한 중국어 문장 만드는 법을 살펴보자.

1) 의문문 만들기

① 가장 간단한 방법은 '서술문 + 어기 조사 吗'를 붙이면 된다.
你是学生吗？

② 의문대명사(谁, 什么, 怎么, 哪儿) 등을 쓰면 의문문이 된다.
你是谁？

③ 정반의문문, 즉 '긍정+부정형'을 연결하면 의문문이 된다.
你去不去？

④ 선택의문문, A 혹은(还是) B, 선택하는 문장은 의문문이 된다.
你喝茶，还是喝咖啡？

⑤ 그 외, 어기조사 '吧' 나 '呢'를 쓰면 상황에 따라 의문문이 된다.
你是韩国人吧？ **(추측)**
我要喝咖啡，你呢？ **(앞 상황에 대한 물음)**

2) 명령문 만들기

① 정중한 명령문, 부탁할 때 쓰는 '请'을 쓴다.
请把门关上。
请看黑板。

② 문장 끝에 '吧' 를 붙여 명령문을 만든다.
你来回答这个问题吧。
坐下吧。

3) 감탄문 만들기

① 多...啊 !
济州岛的风景多美啊 !

② 真...啊
今天真热啊 !

③ 太...了
会说五国语言，你太了不起了 !

중국 문화 더 알기

중국의 기차

중국의 도시와 도시를 이어주는 가장 중요한 교통수단은 바로 기차입니다. 중국의 기차는 우리의 기차와 다르게 앉아서 가는 좌석형이 있고 누워서 가는 침대형이 있습니다. 또 좌석형 기차는 가격에 따라 딱딱한 좌석(硬座)이 있고 푹신한 좌석(软座)이 있습니다. 침대 기차도 3층 구조의 딱딱한 침대가 일렬로 배치된 잉우오(硬卧)가 있고 독립된 방에 2층으로 된 편안한 침대가 있는 루안우오(软卧)가 있습니다.

중국의 기차 모습(저렴한 딱딱한 좌석형)

3층 침대칸 내부 모습

중국 열차노선 가운데 가장 긴 노선은 티벳의 수도 라싸(拉萨)에서 광동성 광저우(廣州)까지 가는 것으로 56시간 8분이 걸리고 길이는 무려 4880킬로미터에 이른다고 합니다. 그러나 최근 중국이 발전하면서 대도시와 대도시 사이에 고속철도가 놓여 북경에서 상해까지 5시간 정도면 간다고 하네요.

북경과 상해를 잇는 고속열차

열차를 기다리는 광저우역 앞 모습

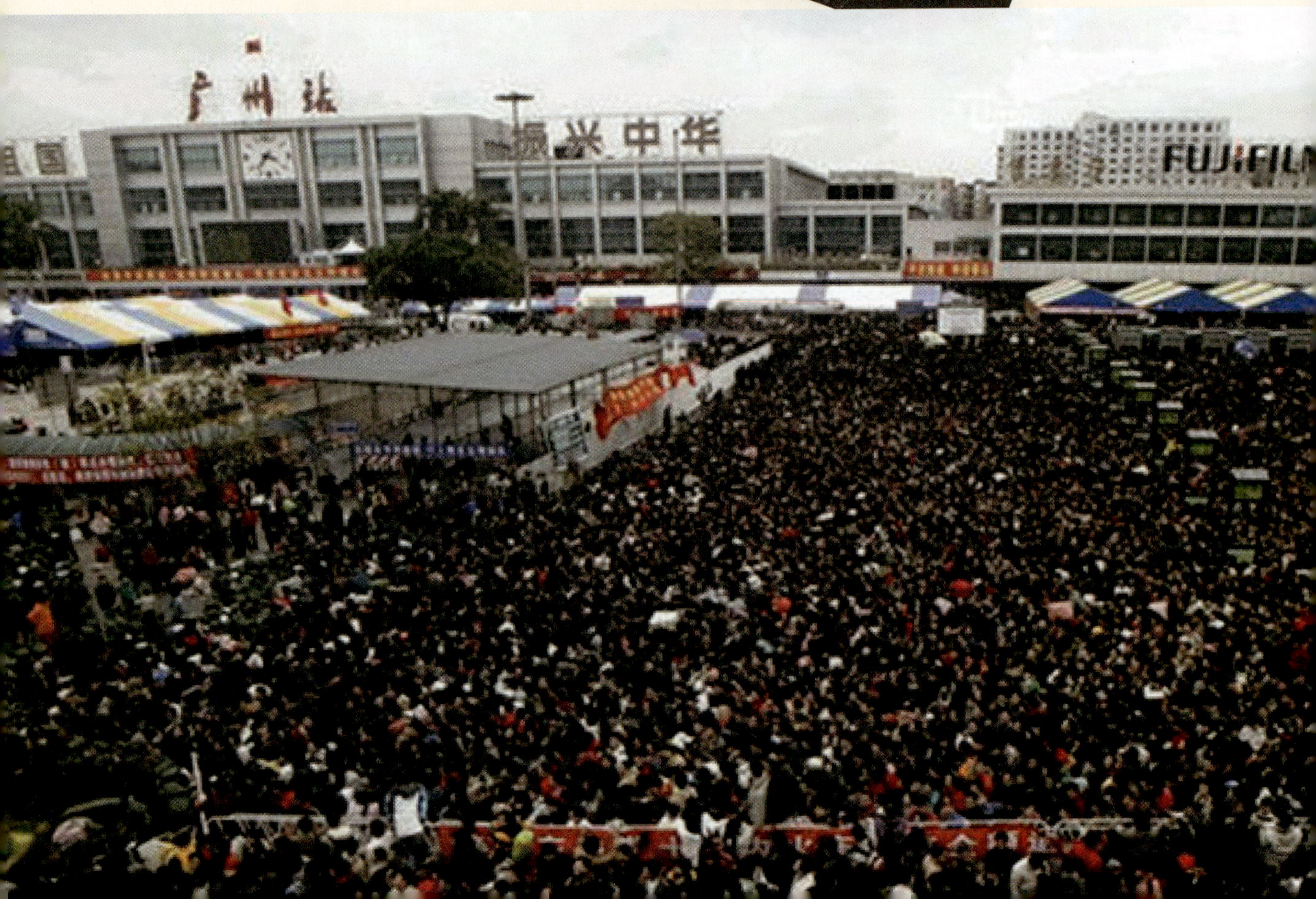

第4课

雨花石

이 과에서는

다양한 **방위사**를 활용해 봅시다. □ 국제 중국어 문법등급 2급

수사+양사를 공부해 봅시다.

'**우화석**'과 관련된 이야기를 살펴봅니다.

단어 익히기

1 雨花石	yǔhuāshí	명 우화석	
2 特有	tèyǒu	동 특유하다, 고유하다	
3 相传	xiāngchuán	동 …라고 전해지다(오다)	
4 观	guàn	명 도교(道教)의 사원	
5 真人	zhēnrén	명 진인(도교), 도교의 승려	
6 讲道	jiǎngdào	동 설법하다, 설교하다	
7 感动	gǎndòng	동 감동하다, 감격하다	신HSK4
8 上天	shàngtiān	명 하늘, 하느님	
9 掉	diào	동 떨어지다	
10 花雨	huāyǔ	명 꽃비	
11 鲜艳	xiānyàn	형 화려하다	신HSK5
12 花纹	huāwén	명 도안, 무늬	
13 天赐	tiāncì	동 하늘이 (내려)주다	
14 国宝	guóbǎo	명 국보	
15 绝	jué	부 최고, 몹시, 가장, 유일무이한	

본문 읽기

雨花石
Yǔhuāshí

雨花石是中国特有的美石。相传，很久很久以前，
Yǔhuāshí shì zhōngguó tèyǒu de měishí. Xiāngchuán, hěnjiǔ hěnjiǔ yǐqián,

南京有一座雨花观，雨花观里有一位雨花真人。
Nánjīng yǒu yí zuò yǔhuāguàn, yǔhuāguàn lǐ yǒu yí wèi yǔhuā zhēnrén.

有一天，他讲道，感动了上天，天上落下花雨，花雨
Yǒu yì tiān, tā jiǎngdào, gǎndòng le shàngtiān, tiānshàng luò xià huāyǔ, huāyǔ

掉到地上，变成了石头，就是"雨花石。"
diàodào dì shang, biànchéng le shítou, jiù shì "Yǔhuāshí."

雨花石色彩鲜艳，上面还有美丽的花纹，人们称它
Yǔhuāshí sècǎi xiānyàn, shàngmian háiyǒu měilì de huāwén, rénmen chēng tā

"天赐国宝，中华一绝。"
"Tiān cì guó bǎo, zhōng huá yì jué."

낭독 목표 : 40초

본문 독해 & 문장 분석

1 雨花石是中国特有的美石。

우화석은 중국 특유의 아름다운 수석이다.

문장분석

(술어)

雨花石 是 中国 特有 的 美石。

우화석 ~이다 중국 특유 -의 아름다운 수석

2

相传，很久很久以前，南京有一座雨花观，雨花观里有一位雨花真人。

전하는 바에 따르면, 오래전에 난징에는 위화관(위화사당)이 있고, 위화관에는 위화 진인이 있었다.

문장분석

(술어)

相传，很久很久 以前， 南京 有 一座 雨花观，

전해지다 오래오래 이전에 난징 있다 하나의 위화관

(술어)

雨花观 里 有 一位 雨花真人。

위화관 안 있다 한 명의 위화 진인

- **座** : 중국어에서 양사는 매우 풍부하고 특징적인 품사이다. 일반적으로는 '수사'와 결합하여 '수사+양사'의 수량사를 구성한다. 양사 '座'는 '좌, 동, 채'의 뜻으로 부피가 큰 물체, 건물 등을 세는 단위이다.

  1) 愚公家门口有一座大山。

  2) 那儿有一座桥。

3 有一天，他讲道，感动了上天，天上落下花雨，花雨掉到地上，变成了石头，就是“雨花石”。

어느 날, 그가 설법을 하였고, 하늘이 감동하여, 꽃비를 내렸으며, 꽃비는 땅에 떨어져 돌이 되었는데, 바로“우화석” 이다.

문장분석

(술어) (술어) (술어)

有一天，他 讲道，感动 了 上天，天上 落下 花雨，

어느 날 그는 설법하다 감동하다 하늘 하늘에서 떨어지다 꽃비

(술어) (술어) (술어)

花雨 掉 到 地上，变 成了石头，就 是“雨花石”。

꽃비 떨어지다 땅에 변하다 돌 바로 ~이다 우화석

● **上**： 방위사 ‘上’은 ‘위, 위쪽, …측면, 분야’를 가리킨다.
문장 속에서 부사어로 쓰일 때는 ‘在 … 上’으로 쓰지만, 문장 첫 머리에 쓸 때는 ‘在’를 쓰지 않고 바로 장소 명사를 쓴다.

1) 桌子上有很多书。

2) 弟弟坐在椅子上。

4

雨花石色彩鲜艳，上面还有美丽的花纹，人们称它“天赐国宝，中华一绝。”

우화석은 색채가 화려하고, 표면에는 또한 아름다운 문양이 있어, 사람들은 이를 '하늘이 내려 준 국보, 중화 최고"라고 부른다.

문장분석

雨花石	色彩	鲜艳 (술어)	，	上面	还	有 (술어)	美丽的	花纹，
우화석	색채	화려하다		표면에	또한	있다	아름다운	문양

人们	称 (술어)	它	“天	赐	国宝，	中华	一绝。”
사람들은	부르다	그것을	하늘이	내리다	국보를	중화	최고"

- **称**: 동사로서 '…(이)라고 부르다, 불리다, 일컫다'의 뜻이다.

1) 韩国人称韩国的国花为“无穷花”。

2) 没结婚的女人被称为“小姐”。

문법 더 이해하기

방위사에 대해

방위사는 방향과 위치를 나타내는 명사로, 단순 방위사와 복합 방위사가 있다.

단순방위사

上(위)	下(아래)	前(앞)	后(뒤)	里(안)	外(밖)
内(안)	中(가운데)	旁(옆)	左(왼쪽)	右(오른쪽)	
	东(동)	西(서)	南(남)	北(북)	

1) 下: 小猫坐在椅子下。
2) 里: 房间里很黑。
3) 中: 人群中传来大笑声。
4) 外: 窗外正下着雨。

복합방위사

以上(이상)	以下(이하)	以外(이외)	以前(이전)
中间(중간)	之上(~의 위)	之下(~의 아래)	之外(~의 밖)
之内(~의 안)	之前(~의 앞)	之后(~의 뒤)	上边/面(위)
下边/面(아래)	前边/面(앞)	后边/面(뒤)	里边/面(안)
左边/面(왼쪽)	右边/面(오른쪽)	旁边(옆)	

1) 以~

以上 : 中级水平以上的学生可以参加口语大赛。

以下 : 这部电影不适合十九岁以下的青少年观看。

以外 : 除了你以外, 大家都听过这首歌。

以前：他以前去过中国。

2) 中间：孩子走在爸爸和妈妈中间。

3) 之~

之上：鹰飞翔在乌云之上。

之下：一个女人正站在月光之下。

之外：我的故乡在千里之外。

之内：四海之内都是兄弟。

之前：考试之前，我总是很紧张。

之后：结婚之后，他好像变了一个人。

4) ~边

上边：饭桌上边摆着丰盛的晚餐。

下边：爷爷住在山下边。

前边：我走在弟弟前边。

后边：妈妈坐在我后边。

里边：书包里边有什么？

左边：左边的图画更漂亮。

右边：请用右边的手写字。

旁边：站在我旁边的老人是我奶奶。

문화 더 알기

남경(南京)과 우화석(雨花石)

남경은 중국 강소성(江蘇省)의 성정부 소재지이며, 중국 강남의 가장 대표적인 도시이기도 합니다. 삼국시대 오(吳)나라에서부터 중화민국까지 여러 왕조의 수도였습니다. 특히 위진남북조(魏晉南北朝) 시대에는 동오(東吳), 동진(東晉), 송(宋), 제(齊), 양(梁), 진(陳) 등의 여섯 왕조의 수도여서 육조고도(六朝古都)라고 합니다. 또 온 도시가 성곽으로 둘러싸여 있어서 석두성(石頭城)이라고도 합니다. 이 곳 사람들은 북방 지역 사람들과 다르게 굉장히 아기자기하고 섬세합니다. 음악이나 미술에 관심이 많을 뿐만 아니라 꽃이나 새들을 키우기 좋아하고 특히 골동품이나 책, 수석(壽石) 등 여러 가지 것들을 수집하기도 좋아합니다.

명효릉(明孝陵) 가는 입구

명나라를 건국한 황제 주원장의 무덤(명효릉)이 남경에 있습니다.

중산릉(中山陵)

청나라를 무너뜨리고 중화민국을 건국한 손문의 묘(중산릉)도 남경에 있습니다.

그 중 남경에서만 나오는 특이한 수석이 있는데 바로 우화석((雨花石)이라는 수석입니다. 전세계적으로 남경에서만 발견되는 이 돌은 보석 마노(瑪瑙)와 같은 강도가 7 정도로 매우 단단합니다. 물에 넣으면 더욱 선명해 집니다. 보석처럼 노랑, 빨강, 초록, 등의 다양한 색상을 품고 있으며 어떤 돌들은 그 속에 산수화 같은 무늬가 있습니다. 남경 사람들은 우화석을 하늘이 남경사람에게 내려준 선물이라고 합니다.

각종 문양의 우화석

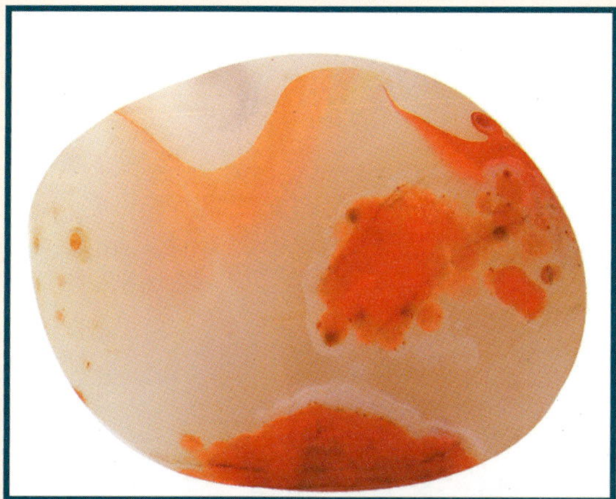

금붕어

황과수폭포

매화

봄

第5课

神奇的汉字预测

이 과에서는

부사어를 활용해 봅니다. □ 국제 중국어 문법등급 2,3,4급

다양한 **국가명**을 알아봅니다.

중국의 축구 열풍에 대해 살펴봅니다.

단어 익히기

1 神奇	shénqí	형	신기하다, 기묘하다	신HSK6
2 预测	yùcè	동	예측하다	
3 网友	wǎngyǒu	명	네티즌	
4 世界杯	shìjièbēi	명	월드컵	
5 早就	zǎojiù	부	벌써, 오래 전에, 진작	
6 藏	cáng	동	숨기다, 감추다, 숨다	
7 横	héng	명	한자의 가로획, 가로, 획	
8 冠军	guànjūn	명	챔피언, 우승자, 우승, 1등	신HSK5
9 亚军	yàjūn	명	준우승, 2등	신HSK6
10 季军	jìjūn	명	3등	신HSK6
11 肯定	kěndìng	부	확실히, 틀림없이	신HSK4
12 凌晨	língchén	명	새벽	신HSK6
13 打败	dǎbài	동	싸워 이기다, 물리치다	
14 位居	wèijū	동	…에 위치하다, 차지하다	
15 战胜	zhànshèng	동	전승하다, 승리하다	
16 将	jiāng	개	…을(문어에 쓰임)	
17 排名	páimíng	명	이름을 배열하다, 랭킹, 순위	
18 猜中	cāizhòng	동	예상이 적중하다, 맞추다	

본문 읽기

神奇的汉字预测
Shén qí de hànzì yùcè

有中国网友预测，2014年 世界杯前四强的命运，
Yǒu Zhōngguó wǎngyǒu yùcè, èrlíngyīsì nián Shìjièbēi qián sì qiáng de mìngyùn,

其实早就藏在汉字中了。德国的“德”字中间有一横，
qíshí zǎo jiù cáng zài hànzì zhōng le. Déguó de “dé” zì zhōngjiān yǒu yì héng,

冠军一定是他们；阿根廷的“廷”字有两横，应该是亚
guànjūn yídìng shì tāmen ; Āgēntíng de “tíng” zì yǒu liǎng héng, yīnggāi shì yà

军；荷兰的“兰”有三横，那就做季军吧；巴西的“西”
jūn ; Hélán de “lán” yǒu sān héng, nà jiù zuò jìjūn ba ; Bāxī de “xī”

字，下半部分是“四”字，他们肯定是第四名。
zì, xià bàn bùfen shì “sì” zì, tāmen kěndìng shì dì sì míng.

预测结果怎么样呢？
Yùcè jiéguǒ zěnme yàng ne?

北京时间 7月13日，荷兰 3∶0 打败了巴西，成为2014
Běijīng shíjiān qī yuè shísān rì, Hélán sān bǐ líng dǎbài le Bāxī, chéngwéi èrlíngyīsì

世界杯的季军，巴西位居第四位。7月14日，德国 1∶0
shì jiè bēi de jìjūn, Bāxī wèi jū dì sì wèi. Qī yuè shísì rì, Déguó yī bǐ líng

战胜了阿根廷，成为冠军，阿根廷成为亚军。中国的
zhànshèngle Āgēntíng, chéngwéi guànjūn, Āgēntíng chéngwéi yàjūn. Zhōngguó de

汉字神奇地猜中了2014年世界杯前四强的排名。
hànzì shénqí de cāizhòngle èrlíngyīsì nián Shìjiè bēi qián sìqiáng de páimíng.

낭독 목표 : 70초

본문 독해 & 문장 분석

1 有中国网友预测，2014年世界杯前四强的命运，其实早就藏在汉字中了。

한 중국네티즌이 2014년 월드컵 4강의 운명은 사실 한자 속에 이미 감추어져 있다고 예측했다.

문장분석

有	中国	网友	预测 (술어)	2014年	世界杯	前四强的	命运
한	중국	네티즌이	예측하기를,	2014년	월드컵	4강의	운명을

其实	早就	藏 (술어)	在	汉字中了。
사실은	벌써	숨겨져있다	~에	한자 중

- **其实** : '사실'이라는 뜻의 부사로 문장 앞에 쓰인다.

  1) 其实, 他并不喜欢你。

  2) 我今天其实没有去学校，我去网吧了。

- **早就** : 부사로 '벌써, 오래전에'의 뜻을 지닌다.

  1) 我们早就分手了。

  2) 哥哥早就结婚了。

2 德国的“德”字中间有一横，冠军一定是他们；阿根廷的“廷”字有两横，应该是亚军；荷兰的“兰”有三横，那就做季军吧；巴西的“西”字，下半部分是“四”字，他们肯定是第四名。

독일의 ‘德’자 중간에 ‘一’획이 있기에 우승은 틀림없이 독일이고, 아르헨티나의 ‘廷’자에는 ‘二’ 획이 있기에 응당 준우승이며, 네덜란드의 ‘兰’자에는 ‘三’획이 있기에 3위일 것이다. 브라질의 ‘西’자의 아랫부분이 ‘四’자이기에 브라질이 틀림없이 4위일 것이다.

문장분석

(술어) 有 / (술어) 是

德国的“德”字 中间 有 一横， 冠军 一定 是 他们；

독일의 ‘德’자는 중간에 있다 (一)일 획, 우승은 반드시 ~이다 그들

(술어) 有 / (술어) 是

阿根廷的“廷”字 有 两横， 应该 是 亚军；

아르헨티나의 ‘廷’자는 있다 (二)두 획, 마땅히 ~이다 준우승

(술어) 有 / (술어) 做

荷兰的“兰” 有 三横， 那 就 做 季军吧；

네덜란드의 ‘兰’ 있다 (三)삼획, 그럼 곧 ~되다 3등

(술어) 是 / (술어) 是

巴西的“西”字， 下半部分 是 “四”字， 他们 肯定 是 第四名。

브라질의 ‘四’자, 아래 부분은 ~이다 ‘四’자, 그들은 확실히 ~이다 4등

● **一定** : ‘반드시, 필히’의 뜻을 가진 부사이다.

1) 我一定会努力学习的。

2) 我们一定不会忘掉这件事的。

- **应该** : '…해야 한다, …하는 것이 마땅하다, 반드시(마땅히)…할 것이다'의 뜻을 가진 동사이다.

  1) 明天早上你应该早点儿来上班。

  2) 不应该说的, 不要说。

- **肯定** : '확실히, 틀림없이, 의심할 여지없이'의 뜻을 가진 부사이다. 서술어 앞에 활용한다.

  1) 你肯定忘了带手机。

  2) 这个洞里肯定有老鼠。

3 预测结果怎么样呢？

예측의 결과는 어떠했을까?

문장분석

(술어)

预测 结果 怎么样 呢？

예측 결과는 어떠했는가?

4 北京时间7月13日凌晨4点，荷兰3：0打败了巴西，成为2014 世界杯的季军，巴西位居第四位。

북경시간 7월 13일 새벽4시 네덜란드가 3:0으로 브라질을 이겨서 2014년 월드컵 3위를 했고 브라질은 4위를 했다.

문장분석

						(술어)	
北京	时间	7月	13日	凌晨4点，	荷兰 3：0	打败了	巴西，
북경	시간	7월	13일	새벽 4시,	네덜란드 3 : 0	싸워 이기다	브라질을

(술어)					(술어)	
成为	2014	世界杯的	季军，	巴西	位居	第四位。
~가 되다	2014	월드컵의	3위,	브라질은	차지하다	4위를

- **位居** : 동사로 : '~(의 자리)에 위치한다, (의 자리)를 차지한다'의 뜻을 가지고 있다.

1) 美国经济位居世界第几位？

2) 比尔·盖茨位居2014年世界首富。

德 廷

兰 西

5 7月14日，德国1：0战胜了阿根廷，成为冠军，阿根廷成为亚军。

7월 14일 독일은 1:0으로 아르헨티나를 이겨서 우승을 했고 아르헨티나가 준우승을 했다.

문장분석

7月14日，	德国	1：0	战胜 (술어)	了	阿根廷,	成为 (술어)	冠军,
7월 14일,	독일은	1 : 0으로	싸워 이기다		아르헨티나를	~가 되다	우승

阿根廷	成为 (술어)	亚军。
아르헨티나는	~되다	준우승

- **成为** : '~이(가) 되다'라는 뜻으로, 지위, 신분, 자격 등을 설명할 수 있다.

  1) 他成为了英雄。

  2) 爱因斯坦长大后成为了著名的科学家。

6 中国的汉字神奇地猜中了2014年世界杯前四强的排名。

중국의 한자는 신기하게도 2014년 월드컵 4강의 우승 순위를 전부 맞추었다.

문장분석

			(술어)					
中国的	汉字	神奇地	猜	中了	2014年	世界杯	前四强的	排名。
중국의	한자는	신기하게도	적중하다		2014년	월드컵	(앞)4강	순위

- **~地** : '형용사 + 地'를 써서 부사어가 되며 바로 뒤에 나오는 술어를 수식한다.

  1) 他高高兴兴地唱着歌回家。

  2) 我轻轻地推开房门。

- **排名** : '이름을 배열하다, 순위를 매기다'라는 뜻으로 동사로 쓰기도 하며, '석차, 서열, 순위'와 같이 명사로도 쓰인다.

  1) 中国排名第一的企业是阿里巴巴。

  2) 每次考试，他总是排名在最后。

문법 더 이해하기

부사어의 종류

형식: 주어 + 부사어 + 서술어

'부사어'는 술어 앞에서 술어를 수식하고 제한하는 역할을 한다. 일반적으로는 부사어의 위치에는 '부사'가 주로 사용 되지만, 반드시 그러한 것은 아니다.

1) 부사가 부사어가 된다.
   他们常常出去玩。

2) 명사나 대명사가 부사어가 된다.
   我们今天去北京。

3) 전치사구가 부사어가 된다.
   他在学校学习汉语。

4) 형용사가 부사어가 되기도 한다. 이음절 형용사나 형용사 중첩형인 경우 '地'를 쓰고, 일음절인 경우는 '地'를 쓰지 않는다.
   他热情地帮助我们。
   学习汉语应该多听多说多练习。

주의

※ 부사어의 어순은 중요하다. 부사어의 순서에 따라 뜻이 달라지기도 한다.

예) 我们 都 不 去学校。 **전체부정**
(우리 모두 학교에 가지 않는다)
我们 不 都 去学校。 **부분부정**
(우리 모두가 학교에 가는 것은 아니다)

문화 더 알기

중국의 프로축구

중국인들이 가장 사랑하는 스포츠 중에 대표적이 종목이 축구입니다. 중국의 축구팬들을 일컬어 치어우미(球迷)라고 하는데 그들의 열정은 정말 대단합니다. 평소 방송에서는 영국 프리미어리그, 이탈리아 세리에 A리그, 독일의 분데스리가, 스페인의 프리메라리가 등의 경기를 지역방송을 통해 낱낱이 중계해 줍니다. 2010년 남아공월드컵 때는 11시간의 시차에도 불구하고 무려 3억명 이상이 월드컵을 시청했다고 합니다.

중국 슈퍼리그에는 각 지역과 도시를 대표하는 모두 16개의 프로팀이 있어 매 시즌 뜨거운 경기를 펼칩니다. 최근에는 국가적 차원에서 외국의 우수한 선수들을 천문학적 돈을 주고 영입하고 있습니다.

이렇게 축구를 사랑하는 중국이 한국과 경기를 하면 번번히 지는데 그래서 '한국을 두려워한다'는 공한증(恐韓症)이라는 말이 생겼습니다. 또 2002년 한일 월드컵 때를 제외하고는 한번도 자력으로 월드컵에 진출하지 못했는데 이런 것을 보면 참 안타깝죠?

▽ 중국의 치어우미들이 '몇번을 지더라도 계속 도전하겠다'는 피켓을 들고 있네요

△ 중국의 패배에 눈물을 흘리고 있는 중국 치어우미

▽ '영원히 포기하지 않겠다'는 플레카드를 들고 있네요.

다양한 국가 명칭과 사용 언어

韩国(Hánguó)
韩语(hányǔ)
韩国人(Hánguórén)

中国(Zhōngguó)
汉语(hànyǔ)
中国人(Zhōngguórén)

국가명(한국어)	국가명(중국어)	국가명(한국어)	국가명(중국어)
미국	美国(Měiguó)	이란	伊郎(Yīlǎng)
이탈리아	意大利(Yìdàlì)	이스라엘	以色列(Yǐsèliè)
캐나다	加拿大(jiā'nádà)	터키	土耳其(Tǔ'ěrqí)
일본	日本(Rìběn)	스웨덴	瑞典(Ruìdiǎn)
프랑스	法国(Fǎguó)	폴란드	波兰(Bōlán)
영국	英国(Yīngguó)	스위스	瑞士(Ruìshì)
스페인	西班牙(Xībānyá)	네덜란드	荷兰(Hélán)
러시아	俄罗斯(Éluósī)	벨기에	比利时(Bǐlìshí)
독일	德国(Déguó)	이집트	埃及(āijí)
호주	澳大利亚(Àodàlìyà)	수단	苏丹(Sūdān)
베트남	越南(Yuènán)	가봉	加蓬(Jiāpéng)
필리핀	菲律宾(Fēilùbīn)	뉴질랜드	新西兰(Xīnxīlán)
말레이시아	马来西亚(Mǎláixīyà)	인도네시아	印度尼西亚(Yìndùníxīyà)
태국	泰国(Tàiguó)	인도	印度(Yìndù)

第6课

老马识途

이 과에서는

가능보어에 대해 공부합니다. □ 국제 중국어 문법등급 5급

형용사 중첩형을 공부합니다.

제환공과 **포숙아** 이야기를 알아봅니다.

단어 익히기

1 老马	lǎomǎ	명 늙은 말	
2 战国	zhànguó	명 전국시대(B.C.475년-B.C.221년)	
3 政治家	zhèngzhìjiā	명 정치가	
4 带兵	dàibīng	동 군대를 인솔하다	
5 厚	hòu	형 두껍다	신HSK4
6 盖	gài	동 덮다, 뒤덮다	신HSK5
7 着急	zháojí	형 초조하다, 조급하다	신HSK6
8 办法	bànfǎ	명 방법, 수단, 방식	신HSK3
9 认	rèn	동 식별하다	
10 本领	běnlǐng	명 능력, 수완, 재능	신HSK5
11 带路	dàilù	동 길을 안내하다	
12 士兵	shìbīng	명 병사, 사병	신HSK5
13 终于	zhōngyú	부 마침내, 끝내 결국	신HSK3
14 成语	chéngyǔ	명 성어	신HSK5
15 办事	bànshì	동 일을 처리하다	
16 经验	jīngyàn	명 경험	신HSK4

본문 읽기

老马识途

Lǎomǎ shítú

战国时代，齐国政治家管仲带兵去打仗。去的时候是
Zhànguó shídài, Qíguó zhèngzhìjiā Guǎnzhòng dài bīng qù dǎzhàng. Qù de shíhou shì

春天，可是，回来的时候已经是冬天了。下完大雪，路被
chūntiān, kěshì, huí lai de shíhou yǐjīng shì dōngtiān le. Xià wán dàxuě, lù bèi

厚厚的雪盖住，士兵们都找不到回家的路了。
hòuhòu de xuě gàizhù, shìbīng men dōu zhǎobudào huíjiā de lù le.

就在大家着急的时候，管仲想到了一个办法。他说：
Jiù zài dà jiā zháojí de shíhou, Guǎn Zhòng xiǎng dào le yí ge bànfǎ. Tā shuō :

“老马有认路的本领，咱们就让老马带路吧。”于是，士
“Lǎomǎ yǒu rènlù de běnlǐng, zánmen jiù ràng lǎomǎ dài lù ba.” Yúshì, shì

兵们让老马走在前面，大家跟着老马走，终于找到了回家
bīngmen ràng lǎomǎ zǒu zài qiánmian, dàjiā gēn zhe lǎo mǎ zǒu, zhōngyú zhǎodào le huíjiā

的路。
de lù.

现在，人们常用“老马识途”这个成语，来形容有经
Xiànzài, rénmen cháng yòng “Lǎo mǎ shí tú” zhè ge chéngyǔ, lái xíngróng yǒu jīng

验的人能做好事情。
yàn de rén néng zuòhǎo shìqing.

낭독 목표: 60초

본문독해 & 문장분석

1 战国时代，齐国政治家管仲带兵去打仗。

전국시대에 제나라의 정치가인 관중이 군대를 이끌고 전쟁에 나갔다.

문장분석

战国时代，	齐国	政治家	管仲	带	兵	去	打仗。
				(술어)		(술어)	(술어)
전국 시대	제나라	정치가	관중	인솔하다	군대를	가다	전쟁하다

- **带** : '인솔하다, 이끌다'의 뜻을 가지고 있다.

1) 六一儿童节，妈妈带我去公园玩儿。

2) 星期一有体育课，记得带运动服。

2 去的时候是春天，可是回来的时候已经是冬天了。

갈 때는 봄이었지만 그러나 돌아올 때에는 이미 겨울이었다.

문장분석

		(술어)						(술어)	
去	的时候	是	春天，	可是	回来	的时候	已经	是	冬天了。
가다	~때	~이다	봄	그러나	돌아오다	~때	이미	~이다	겨울

- **…的时候** : '…할 때'의 뜻을 가지고 있다.

  1) 吃饭的时候，不要大笑。

  2) 中国人过年的时候很热闹。

- **已经~了** : '이미, 벌써'의 뜻으로 쓰이며, 완료의 의미를 가지는 조사 '了'와 같이 쓴다.

  1) 电影已经开始了，我们快进去吧。

  2) 春天还没到，花儿已经开了。

3 下完大雪，路被厚厚的雪盖住，士兵们都找不到回家的路了。

많은 눈이 내리고 난 후 길은 두터운 눈으로 덮혀 병사들은 모두 집으로 돌아가는 길을 찾지 못했다.

문장분석

(술어) 下 完 大雪, 路 被 厚厚的 雪 (술어) 盖 住, 士兵们 都

내리다 끝나다 큰 눈 길 ~당하다 두껍다 눈 덮히다 병사들 모두

(술어) 找 不 到 回家的 路了。

찾을 수가 없다 집에 돌아가다 길

● **下完** : '下完'은 동사 '下(내리다)'와 결과보어 '完(끝나다)'가 결합된 형태로, '눈이 내리다'는 행위가 끝난 결과를 설명하고 있다.

1) 我看完那本书了。

2) 他写完了作业。

● **厚厚的** : '厚'는 '두껍다'의 뜻을 가진 형용사이다. '厚厚'처럼 중첩하여 쓰면, 정도를 한층 더 강하게 나타낸다.

1) 她有一双大大的眼睛。

2) 故乡有一条长长的河。

● **盖住** : 동사 '盖(덮다)' + 결과보어 '住(고정되어 움직이지 않음)'의 결합 형태이다.

1) 他抓住了我的手。

2) 弟弟的手被胶水粘住了。

추가단어
* 胶水(jiāoshuǐ) : 풀
* 粘(zhān) : 붙다

● **找不到** :'找不到'는 '동사 + 不 + 到(대상을 얻다)'로 '동사 + 가능보어'의 형태로, '찾을 수 없다'로 해석한다.

1) 我们买不到那本书。

2) 狐狸吃不到葡萄，就说葡萄酸。

추가단어
* 狐狸(húli) : 여우
* 葡萄(pútao) : 포도

4 就在大家着急的时候，管仲想到了一个办法。

모두들 마음속으로 초조해 할 때, 관중은 하나의 방법을 생각해 냈다.

문장분석

(술어)

就 在 大家 着急 的时候，管仲 想 到 了 一个办法。

바로 ~에 모두들 초조하다 ~할 때 관중 생각나다 한가지 방법

● **办法** : '방법, 수단'의 뜻으로 쓰였다.

1) 他想到了一个好办法，终于解决了这个问题。

2) 没办法，我不能帮你。

5 他说："老马有认路的本领，咱们就让老马带路吧。"

그는 "늙은 말이 길을 아는 능력이 있다고 하니, 우리가 늙은 말에게 길을 안내하게 하자"고 말했다.

문장분석

(술어) (술어) (술어)

他 说 ："老马 有 认路 的 本领，咱们 就 让 老马 带 路吧。"

그가 말하다 늙은말 있다 길을 알다 능력 우리들 바로 하게하다 늙은말 안내하다 길을

6 于是，士兵们让老马走在前面，大家跟着老马走。

그래서 병사들은 늙은 말을 앞에 가게 하고 모두들 늙은 말을 따라 갔다.

문장분석

				(술어)				(술어)			(술어)
于是,	士兵们	让	老马	走	在	前面,	大家	跟	着	老马	走。
그래서	병사들	하게하다	늙은말	가다	~에	앞	모두	따르다		늙은 말	가다

- **跟着…走** : 동태조사 '着'는 '跟'과 '走', 두 동사를 연동하고 동사의 방식, 수단을 설명한다.

1) 我走着去学校。

2) 孩子哭着说对不起。

7 终于找到了回家的路。

마침내 집으로 돌아가는 길을 찾았다.

문장분석

(술어)

终于 找 到了 回 家 的 路。

마침내 찾았다 돌아가다 집 ~의 길

- **동사 + 到** : '找到'의 '到'는 결과 보어로 쓰인 것이다. '到'가 결과보어로 쓰일 때는 '동작의 목적 대상을 얻거나, 장소에 도달하다'의 의미를 보충한다.

1) 今天我听到了一个好消息。

2) 他走到外面，看了看天空。

8 现在，人们常用“老马识途”这个成语，来形容有经验的人能做好事情。

현재, 사람들은 자주 '늙은 말이 길을 알다'라는 이 성어를 사용하여, 경험이 있는 사람이 일 처리를 잘 함을 표현한다.

문장분석

(술어)

现在，人们 常 用“老马识途”这个成语，

지금 사람들 자주 쓰다 '늙은 말이 길을 알다' 이 성어를

(술어) (술어)

来 形容 有 经验的 人 能 做好 事情。

표현하다 있다 경험 사람 ~할 수 있다 하다 일

● **常** : 부사 '常'은 '늘, 자주, 항상, 때때로'의 뜻을 가지고 있다.

1) 弟弟常来这个公园玩儿。

2) 她常常学习到深夜。

문법 더 이해하기

가능보어

형식: 주어 + 서술어 + 得 / 不 + 보어(결과, 방향, 了)

가능보어는 서술어 뒤에 보어를 써, 가능 여부를 보충 설명하는 보어이다.
예로, '找不到'는 '찾을 수 없다'로 해석한다.

1) 가능보어로는 '결과보어', '방향보어', '了(liǎo)' 를 쓸 수 있고, 긍정형은 '得', 부정형은 '不'를 써서 만든다.

(긍정형) 电影票不贵，我买得起。
衣服不多，我洗得完。

(부정형) 这么多的饭我吃不了。
你太重了，我背不动。
地方太小，坐不下。

2) 목적어는 '서술어 + 得 / 不 + 보어 + 목적어'의 형태 혹은 '목적어전치 + 서술어+得 / 不+보어' 형태로 쓴다.

我吃不了那么多包子。
那么多包子我吃不了。
我听不懂你的话。
你的话我听不懂。

3) 의문문은 '서술어 + 得 / 不 + 보어 + 吗' 혹은 '서술어 + 得 + 보어 + 서술어+不+보어' 형태의 정반 의문문을 쓸 수 있다.

你听得到我的声音吗？
你听得到听不到我的声音？
这么多作业你做得完吗？
这么多作业你做得完做不完？

중국문화 더 알기

제환공(齊桓公)과 관중(管仲)

진시황이 중국을 통일하기 전까지 춘추전국시대(BC770년－BC221년)에 가장 강력한 힘을 발휘했던 다섯 왕을 춘추오패(春秋五覇) 라고 합니다. 그 중 첫 번째로 꼽는 인물이 제나라의 환공(桓公)입니다. 그런데 제환공(齊桓公)을 도와 제나라를 최강의 국가로 만든 사람은 바로 관중(管仲) 이라는 사람이었습니다.
관중은 어려서부터 포숙아(鮑叔牙)라는 친구를 두었는데 포숙하는 항상 관중을 도와 주었습니다. 장사를 같이해서 관중이 이익을 더 많이 챙겨도 집이 가난해서 그렇다고 이해했고, 벼슬을 하다 그만 두어도 작은 벼슬이 그에게 어울리지 않는다고 이해했습니다. 전장에서 도망을 가도 집안에 노모가 있기 때문이라고 주변사람을 설득하며 친구를 도왔습니다. 이후 관중은 다른 주군을 모시고 당시 포숙아가 섬기던 제환공을 활로 쏘아 죽이려 하다 잡혀 포로가 되었습니다. 그러나 포숙아는 제환공에게 오히려 관중을 제상으로 추천했습니다. 포숙아의 예견대로 결국 관중은 제나라 제상이 되어 제나라를 당시 최강의 국가로 만들어 놓았습니다. 후에 관중은 "나를 낳아준 사람은 부모님이지만 나를 알아준 사람은 포숙아이다(生我者父母, 知我者鮑子也)"라고 말하였습니다. 이것이 우리가 잘 아는 '관포지교(管鮑之交)'란 성어의 유래입니다. 여러분은 그런 친구가 있습니까?

관중 초상

관중과 포숙아 초상

관중이 다스렸던 제나라는 지금의 산둥성(山东省) 지역에 있던 국가로
이곳에는 태산(泰山)이 있습니다.

태산 오르는길

태산에서는 옛날부터 황제들이 하늘에 봉선제를 드렸기 때문에 역사적
유적들이 많이 남아 있습니다.

第7课

猪坚强

이 과에서는

피동문, 피동형에 대해 공부합니다. □ 국제 중국어 문법등급 5급

아름다운 자연풍경이 있는 중국 **사천성**에 대해 알아봅니다.

단어 익히기

1	坚强	jiānqiáng	형 굳세다, 꿋꿋하다	신HSK5급
2	普通	pǔpǔtōngtōng	형 보통이다, 평범하다	
3	地震	dìzhèn	명 지진	신HSK5급
4	压	yā	동 압력을 가하다, 누르다	
5	废墟	fèixū	명 폐허	신HSK6급
6	挖	wā	동 파다, 찾아내다	
7	活	huó	동 살다, 생존하다	
8	生存	shēngcún	명/동 생존, 생존하다	
9	感动	gǎndòng	동 감동하다, 감격하다	신HSK4급
10	餐桌	cānzhuō	명 식탁	
11	美味	měiwèi	명 좋은 맛, 맛있는 음식	
12	取名	qǔmíng	동 이름을 짓다, 작명하다	
13	博物馆	bówùguǎn	명 박물관	신HSK5급
14	又	yòu	부 또, 다시, 거듭	
15	肥	féi	형 살지다, 토실토실하다	
16	壮	zhuàng	형 힘이 세다, 건장하다	
17	饲养员	sìyǎngyuán	명 사육사	
18	散步	sànbù	동 산보하다	
19	游人	yóurén	명 유람객, 관광객	
20	照相	zhàoxiàng	동 사진을 찍다, 촬영하다	
21	明星	míngxīng	명 스타	신HSK5급

본문 읽기

猪坚强

Zhū jiān qiáng

这是一头普普通通的小猪，汶川大地震时，它被压在废墟中三十六天。后来，人们把它挖出来时，它还坚强地活着。很多市民被它坚强的生存意志感动，希望不要把它变成“餐桌上的美味”，还给它取了个名字叫“猪坚强”。

Zhè shì yì tóu pǔpǔ tōngtōng de xiǎozhū, Wènchuān dà dìzhèn shí, tā bèi yāzài fèixū zhōng sānshíliù tiān. Hòu lái, rénmen bǎ tā wā chūlai shí, tā hái jiānqiáng de huó zhe. Hěnduō shìmín bèi tā jiānqiáng de shēngcún yìzhì gǎndòng, xīwàng búyào bǎ tā biànchéng “Cānzhuō shang de měiwèi”, hái gěi tā qǔ le ge míngzi jiào “ZhūJiānqiáng”.

建川博物馆买下了这头小猪，让它在博物馆里快乐地生活。现在，猪坚强又肥又壮，饲养员每天还带它出去散步。很多游人看见它，都想跟它一起照相。

Jiànchuān bówùguǎn mǎixiàle zhè tóu xiǎozhū, ràng tā zài bówùguǎn li kuàilè de shēnghuó. Xiànzài, ZhūJiānqiáng yòu féi yòu zhuàng, sìyǎngyuán měitiān hái dài tā chūqù sànbù. Hěnduō yóurén kànjiàn tā, dōu xiǎng gēn tā yìqǐ zhàoxiàng.

猪坚强成了博物馆里的小明星。

ZhūJiānqiáng chéngle bówùguǎn li de xiǎo míngxīng.

낭독 목표 : 50초

본문 독해 & 문장 분석

1 这是一头普普通通的小猪，汶川大地震时，它被压在废墟中三十六天。

이는 평범한 새끼돼지인데, 원추안 대지진 때 폐허 속에 36일을 깔려 있었다.

문장분석

这	是 (술어)	一头	普普通通的	小猪,	汶川	大地震	时,
이는	~이다	한 마리	보통의	작은 돼지	원추안	대지진	때

它	被	压 (술어)	在	废墟	中	三十六天。
그	~당하다	깔리다	~에	폐허	중	삼십육일

- **头** : 양사로 '마리, 필, 두' 같이 돼지, 소, 말, 당나귀, 양 등의 가축을 세는 단위이다.

  1) 农夫养了五头肥猪。

  2) 那头驴子跑丢了。

- **普普通通** : '普通'은 형용사로 '보통이다, 평범하다'의 뜻을 가지고 있다. 형용사는 일반적으로 AABB 형식으로 중첩되며, 여러 가지(관형어, 보어, 부사어 등)로 활용될 수 있으며, 중첩하면 형용사의 의미가 강해진다.

  1) 她高高兴兴地去逛街。

  2) 工人们在辛辛苦苦地工作。

2 后来，人们把它挖出来时，它还坚强地活着。

뒤에 사람들이 이 돼지를 건져내었는데 돼지는 여전히 강건하게 살아 있었다.

문장분석

				(술어)					(술어)	
后来,	人们	把	它	挖	出来时,	它	还	坚强地	活	着。
후에	사람들은	~을	그것	파다	꺼내다 ~때,	그것	여전히	강건하게	살아있다	

- **把** : 개사 '把'는 목적어를 서술어 앞으로 전치하는 역할을 한다. 목적어를 앞으로 이끌어 목적어를 어떻게 다루었는지를 나타내는 문형이다.

  1) 风把门吹开了。

  2) 孩子把苹果吃掉了。

- **V + 出来** : '出来'는 방향 보어로 동사 뒤에서 동사의 방향이 '안에서 밖으로 나옴'을 보충 설명해 준다.

  1) 老师从办公室里走出来。

  2) 说出来的话，就要负责。

- **V + 着** : 동태조사인 '着'는 동사나 형용사 뒤에 쓰여 동작 상태의 지속, 즉 '…한 채로 있다'를 뜻 한다.

  1) 朋友穿着一套白色西装。

  2) 她红着脸笑了。

3 很多市民被它坚强的生存意志感动，希望不要把它变成“餐桌上的美味”，还给它取了个名字叫“猪坚强”。

많은 시민들의 이 돼지의 강인한 생존의지에 감동해 돼지를 '식탁 위의 맛있는 요리'가 되지 않기를 바랬으며, 또 돼지에게 '주지엔창'라는 이름을 지어 주었다.

문장분석

(술어)

很多市民 被 它 坚强的 生存 意志 感动，

많은 시민 ~당하다 그것 강인한 생존 의지 감동하다

(술어)

希望 不要 把 它 变成“餐桌上的美味”，

희망하다 ~하지마라 ~을 그것 바뀌다 식탁 위에 맛있는 요리

(술어) (술어)

还 给 它 取 了 个 名字 叫 “猪坚强”。

또 ~에게 그것 취하다, 가지다 이름 ~부르다 주지엔창(강인한 돼지)

- **取名** : 동사로 '이름을 짓다, 작명하다'의 뜻을 가진다.

1) 爷爷给孙子取了一个小名，叫石头。

2) 年轻父母去取名公司给孩子取名字。

4 建川博物馆买下了这头小猪，让它在博物馆里快乐地生活。

지엔추안 박물관에서는 이 새끼돼지를 샀으며, 돼지를 박물관에서 즐겁게 생활하게 했다.

문장분석

(술어)

建川博物馆 买 下了 这头小猪,

지엔추안 박물관 샀다 이 새끼돼지

(술어)

让 它 在 博物馆 里 快乐地 生活。

~으로 하게 하다 그(돼지) ~에서 박물관 즐겁게 생활하다.

- …**里** : 방위사는 명사의 한 종류로 방향과 위치를 나타내는 단어이다. '里'는 안, 속, 내부를 표현한다. 일반적으로는 '在…里' 형식으로 쓰이며, 만약 '명사 +里'가 문장 첫머리에 오면, 장소, 위치, 범위를 의미할 때는 '在'를 쓰지 않는다.

1) 她教室里学习。(×)

→ 她在教室里学习。(○)

2) 在衣柜里挂着几件衣服。(×)

→ 衣柜里挂着几件衣服 (○)。

5 现在，猪坚强又肥又壮，饲养员每天还带它出去散步。

현재 주지엔창은 살찌고 건강하며, 사육사가 매일 주지엔창을 데리고 산책을 한다.

문장분석

现在,	猪坚强	又	肥 (술어)	又	壮 (술어),
현재	주지엔창	~하고	살찌다	~하고	건장하다

饲养员	每天	还	带 (술어)	它	出去 (술어)	散步 (술어)。
사육사	매일	또	데리다	그것을	나가다	산책하다

- **又…, 又…** : '又'는 '또, 다시'의 뜻을 가진 부사이다. 어떤 동작이나 상황이 중복되거나 계속됨을 나타내는데, '又 A, 又 B'는 'A 하기도 하고, B 하기도 하다'의 뜻으로 쓰인다.

  1) 孩子们在教室里又吵又闹。

  2) 她男朋友长得又高又帅。

6 很多游人看见它，都想跟它一起照相。

많은 관광객들이 주지엔챵을 보고는 모두 함께 사진을 찍고 싶어한다.

문장분석

(술어) (술어)

很多 游人 看见 它， 都 想 跟 它 一起 照 相。

많은 관광객들 보다 그를 모두 ~하고 싶다 ~와 그것 함께 사진 찍다

● **跟** : 개사로 '~와(과)'의 의미를 가진다. 동작과 관련된 대상을 이끈다.

1) 我跟妈妈去商店买衣服。

2) 他跟我一起去爬山。

7 猪坚强成了博物馆里的小明星。

주지엔챵은 박물관의 작은 스타가 되었다.

문장분석

(술어)

猪坚强 成 了 博物馆里的 小 明星。

주지엔챵 ~되다 박물관의 작은 스타

문법 더 이해하기

피동문

형식: 주어(대상) + 被 + 목적어(주체) + 서술어

피동의 의미를 나타내는 문형을 '피동문'이라고 한다. 피동사로는 '被, 让, 叫'가 있으며, 가장 대표적으로 활용하는 것은 '被'가 있다. 피동은 어떤 대상이 주체(사람, 사물)에 의해 피해나 손해 등을 당했다는 의미를 표현하는 문장이다.

1) 피동문은 서술어가 단독으로 사용되지 않고, 서술어 뒤에 보어나 조사 등의 기타 성분이 같이 나온다.

   我的自行车被小偷偷。(×) → 我的自行车被小偷偷走了。(○)
   老师的书让他借。(×) → 老师的书让他借去了。(○)

2) '被'는 목적어(주체)를 생략하고 서술어와 같이 사용할 수 있으나 '叫, 让'은 반드시 목적어를 수반해야 한다.

   它被压在废墟中三十六天。(○) → 它被(倒塌的猪舍)压在废墟中三十六天。(○)
   弟弟叫骗了。(×) → 弟弟叫人骗了。(○)
   我的脸让咬肿了。(×) → 我的脸让蚊子咬肿了。(○)

3) 부정문을 만들 때는 부정사 '不, 没(有), 别' 를 서술어 앞이 아니라 '피동사 + 목적어' 앞에 써야 한다.

   姐姐的钱包没有被小偷偷走。
   你别被他骗了。
   在这样的社会，不被人欺负是很难的。

4) 능원동사(要, 能, 可以, 会)나 부사(都, 已经, 刚) 등은 서술어 앞에 역시 쓰지 않고 '피동사 + 목적어' 앞에 쓴다.

那些书都被老师拿走了。
这个淘气包已经被老师批评了。
肉包子刚被小狗吃掉。
这么做，你会被妈妈骂的。
小树要被风吹倒了。
她太瘦了，好像能被一阵风吹走。

중국 문화 더 알기

사천성(四川省)의 자연

중국의 사천성을 일컬어 천부지국(天府之國)이라고 합니다. 이는 하늘이 준 비옥한 땅이라는 뜻으로 넓고 비옥한 땅에 풍부한 자원이 갖추어져 있기 때문입니다. 또 사천성은 중원 지역과는 격리되어 있어서 옛날부터 중원의 많은 전쟁이나 외부의 침입으로부터도 안전할 수 있었습니다. 그래서 사람들 성격이 푸근하고 느긋하며 여유로운 생활을 즐깁니다.

사천성 내에는 아름다운 자연풍광도 많아서 구채구, 황룡, 아미산, 등과 같은 빼어난 경관도 있고 두강언, 낙산대불, 두보초당, 무후사 등과 같은 중요한 문화유산들도 즐비합니다. 그러나 모든 것이 아름답고 평화스럽기만 할 것 같은 사천성에도 지진이라는 무서운 불청객이 가끔 찾아옵니다. 2008년 사천대지진으로 사망자가 약 7만 명, 중상자가 37만 여 명, 실종이 약 1만 8천 명이었다고 합니다.

무후사(武侯寺)

두보초당(杜甫草堂)

구채구(九寨溝)
호수의 아름다운 모습

第8课

纸熊猫

이 과에서는

능원동사를 공부합니다. □ 국제 중국어 문법등급 3급

중국을 대표하는 동물에 대해 알아봅니다.

단어 익히기

1 纸	zhǐ	명 종이	
2 熊猫	xióngmāo	명 팬더	신HSK3
3 艺术家	yìshùjiā	명 예술가	
4 香港	Xiānggǎng	명 홍콩	
5 法国	Fǎguó	명 프랑스	
6 荷兰	Hélán	명 네덜란드	
7 意大利	Yìdàlì	명 이탈리아	
8 瑞士	Ruìshì	명 스위스	
9 台湾	Táiwān	명 타이완	
10 将近	jiāngjìn	동 거의 …에 근접하다	신HSK6
11 乘坐	chéngzuò	동 자동차 등을 타다	신HSK4
12 世界	shìjiè	명 세계, 세상	신HSK3
13 野生	yěshēng	형 야생의	
14 保护	bǎohù	동 보호하다	신HSK4

본문 읽기

纸熊猫
Zhǐ xióngmāo

一位艺术家带着他用纸做的1600只熊猫，来到了
Yí wèi yìshùjiā dàizhe tā yòng zhǐ zuò de yìqiānliùbǎi zhī xióngmāo, lái dào le

香港。在这之前，这些纸熊猫已经走过了法国、荷兰、
Xiānggǎng. Zài zhè zhīqián, zhè xiē zhǐ xióngmāo yǐjīng zǒu guò le Fǎguó、Hélán、

意大利、瑞士、德国和台湾等将近100个不同的地方。
Yìdàlì、Ruìshì、Déguó hé Táiwān děng jiāngjìn yìbǎi ge bù tóng de dìfang.

现在，这些熊猫将在一个月的时间里，出现在香港10
Xànzài, zhèxiē xióngmāo jiāng zài yíge yuède shíjiānli, chūxiànzài Xiānggǎng shí

个最有名的地方。艺术家还会带它们乘坐香港特有的
ge zuì yǒumíng de dìfang. Yìshùjiā háihuì dài tāmen chéngzuò Xiānggǎng tèyǒude

双层大巴，让市民们看看这些纸熊猫。
shuāngcēng dàbā, ràng shìmínmen kànkan zhè xiē zhǐ xióngmāo.

为什么是1600只熊猫呢？
Wèi shénme shì yìqiānliùbǎi zhī xióngmāo ne?

艺术家说："因为现在世界上野生熊猫只有1600只
Yìshùjiā shuō : "Yīnwèi xiànzài shìjiè shang yěshēng xióngmāo zhǐyǒu yìqiānliùbǎi zhī

了，所以我们应该保护它们。"
le, suǒyǐ wǒmen yīnggāi bǎohù tāmen."

낭독 목표 : 55초

본문 독해 & 문장 분석

1 一位艺术家带着他用纸做的1600只熊猫，来到了香港。

한 예술가가 종이로 만든 1600마리의 팬더를 데리고 홍콩에 왔다.

문장분석

(술어) (술어)

一位 艺术家 带 着 他 用纸 做的1600只熊猫，来 到了 香港。

한 예술가 데리고 그가 종이로 만든 1600 마리 팬더 왔다 홍콩

- **带着** : 동사 뒤에 '着'는 두 동작이 연결해서 진행되거나 동시에 진행되는 관계를 말한다. 본문에서는 '带 + 着…, 来(去)' 동사가 연결되어 진행된다.

1) 他带着儿子去旅行了。

2) 明天你得带着照片来。

2

在这之前，这些纸熊猫已经走过了法国、荷兰、意大利、瑞士、德国和台湾等将近100个不同的地方。

이곳에 오기 전에 이 종이 팬더들은 이미 프랑스, 네덜란드, 이태리, 스위스, 독일, 타이완 등 거의 100여 곳을 거쳤다.

문장분석

(술어)

在这 之前，这 些 纸熊猫 已经 走 过了

여기 ~전에 이 ~들 종이 팬더 이미 거치다

法国、荷兰、意大利、瑞士、德国和台湾等将近100个不同的地方。

프랑스, 네덜란드, 이탈리아, 스위스, 독일과 타이완 등 거의 100개 다른 지방

- **在**…之前 : '之前'은 '~이전, ~의 앞' 뜻으로 시간이나 장소 앞에 쓰인다.

  1) 在上小学之前， 他是个不听话的孩子。

  2) 奶奶每天晚上都在九点之前睡觉。

- **将近** : 동사로 '거의 ~에 근접하다, 거의 ~에 이르다'의 뜻을 가지고 있다.

  1) 现在将近黄昏了。

  2) 我们学校有将近一千名学生。

3 现在，这些熊猫将在一个月的时间里，出现在香港10个最有名的地方。

지금 이들 종이 팬더는 한달 동안 홍콩의 10곳의 가장 유명한 장소에 나타날 것이다.

문장분석

现在，这 些 熊猫 将 在 一个月的时间 里，

현재, 이 ~들 팬더 ~할 것이다 한 달간의 시간 ~안에

(술어)

出现 在 香港 10个 最 有名的地方。

출현하다 ~에 홍콩 10개 가장 유명한 장소

- **出现在…** : 동사 '出现' 뒤에 '在'는 결과보어로 출현한 장소를 나타낸다.

1) 这个问题常出现在学生中。

2) 这种流行病一般出现在换季的时候。

4 艺术家还会带它们乘坐香港特有的双层大巴，让市民们看看这些纸熊猫。

예술가는 또한 그들을 데리고 홍콩 특유의 2층 버스에 태워서, 시민들이 이들 종이 팬더를 보게 할 것이다.

문장분석

艺术家	还	会	带 (술어)	它们	乘坐 (술어)	香港	特有的	双层大巴，
예술가	또한	~할 것이다	데리고	그들	타다	홍콩	특유의	2층 버스

让	市民们	看看 (술어)	这	些	纸熊猫。
~하게 하다	시민들	보다	이	들	종이 팬더

5 为什么是1600只熊猫呢？

왜 1600 마리의 팬더냐고요?

문장분석

为什么	是 (술어)	1600 只	熊猫呢？
왜	~이다	1600 마리	팬더

6

艺术家说："因为现在世界上野生熊猫只有1600只了，所以我们应该保护它们。"

예술가가 말하기를, "왜냐하면 현재 전세계에 야생 팬더는 1600마리뿐입니다. 그래서 우리는 마땅히 그들을 보호해야 합니다."

문장분석

艺术家	说 (술어)	：因为	现在	世界上	野生熊猫	只 有 (술어)	1600只了，
예술가	말하다	왜냐하면	현재	세계에는	야생팬더	단지 있다	1600 마리

所以	我们	应该	保护 (술어)	它们。
그래서	우리는	~해야 한다	보호하다	그들을

- **因为…，所以…** : '因为…所以'는 문장 앞에 위치하며, '왜냐하면…, 그래서…' 뜻인 인과관계를 나타내는 복문을 만들 수 있다.

1) 因为下雨，所以我们不能去爬山了。

2) 因为你是中学生，所以不能看这个电影。

문법 더 이해하기

능원동사

능원동사는 동사 앞에 위치하여 능력, 바람, 필요, 당위 등을 표현한다. 동사와 함께 쓰이며 동사를 도와주는 역할을 하기 때문에, 조동사라고도 한다.

	뜻	비 고
能	능력 유무와 허가를 나타내는 '~할 수 있다, ~해도 좋다'	부정은 '不能'
会	학습이나 훈련을 통해 '~할 수 있다, ~할 줄 안다' 혹은 추측, 예측의 '~할 것이다'	부정은 '不会'
可以	능력 유무와 허락, 금지의 '~할 수 있다'	부정은 능력 유무 '不能' 허가 '不可以'(~해서는 안 된다)
要	필요, 의지를 나타내는 '~하고자 한다, ~할 것이다, ~해야만 한다'	부정은 '不用'
应该	도리상 '마땅히 ~해야 한다, 틀림없이 ~일 것이다'	부정은 '不应该'
想	바람, 계획, 희망을 나타내는 '~하고 싶다'	부정은 '不想'
得	'~해야만 한다'	부정은 '不用'

1) 能

明天我能去机场接你。

这个学期我不能毕业了。

2) 会

我妹妹会说日语。

明年我不会去上海学习汉语。

他今天不会来学校了。

3) 可以

这儿可以停车吗?

不可以在公共场所吸烟。

4) 应该

孩子应该孝敬父母。

学生不应该旷课。

중국 문화 더 알기

중국의 대표 동물

중국의 1급 멸종위기 동물 팬더

중국의 가장 대표적인 1급 멸종위기 동물로 역시 팬더를 꼽을 수 있습니다.
팬더는 사천성 깊은 산속에 서식하며 주로 대나무 줄기를 먹으며 사는 동물입니다. 팬더(大熊猫)가 유순하고 느리며 개체의 확산이 더딘데 반해 서식지의 급속한 파괴로 살 곳을 잃자 중국은 사천성에 팬더보호지구를 정해서 야생 팬더를 보호하고 인공으로 팬더를 양육하고 있습니다.

시베리아 호랑이(동북호랑이)

중국의 또 다른 1급 멸종위기 동물로는 시베리아 호랑이를 들 수 있는데 중국인들을 동북호랑이(東北虎)라고 합니다. 이는 바로 우리나라 백두산 호랑이와 같은 계통으로 수컷은 다 자라면 몸 길이가 3미터 가까이 되며 체중은 300킬로그램이 넘습니다. 동북 호랑이는 모든 먹이 사슬의 최고 위에 있으며 또 이마에 '王'자 문양까지 새겨진 경우가 많기에 '백수의왕(百兽之王)'이라 불리기도 합니다. 야생 시베리아 호랑이는 모두 400여 마리가 있고 그 중 중국에 20여 마리가 있습니다. 현재 중국 흑룡강성 하얼빈 '호림원(虎林園)'에는 인공으로 700여 마리의 동북 호랑이를 사육하고 있습니다.

사자와 너무나 흡사한 티벳견 짱아오

1급 멸종위기 동물은 아니지만 중국인들이 좋아하는 희귀 애완동물로 티벳 사자개 짱아오(藏獒)를 들 수 있습니다. 이 개는 천만년 전 히말라야의 엽견(獵犬)이 진화한 것으로 살아있는 화석이라고 불립니다. 이 티벳사자 개를 중국에서는 짱아오(藏獒)라고 부르는데 1년이면 몸무게가 80킬로 이상으로 자란다고 합니다. 당나귀처럼 크고 호랑이와 같이 내달리고 사자와 같이 포효하는 당당한 위풍으로 중국 애견인들 사이에 최고의 반려견으로 치며 최근 한 마리에 28억에 거래되었다고 합니다.

第9课

一副对联

이 과에서는

동태조사에 대해 공부합니다. □ 국제 중국어 문법등급 3, 4급

자주 활용되는 **개사**를 공부합니다.

중국의 대표 명절인 **춘절**에 대해 알아봅니다.

단어 익히기

단어	병음	뜻	급수
1 清朝	Qīngcháo	명 청조, 청대	
2 大官	dàguān	명 대관, 큰 벼슬	
3 庙	miào	명 사당, 사찰, 절	
4 烧香	shāoxiāng	동 분향하다	
5 和尚	héshang	명 승려, 중	
6 以为	yǐwéi	동 여기다, 생각하다	신HSK4
7 普通	pǔtōng	형 보통이다, 평범하다	
8 随便	suíbiàn	부 함부로, 제멋대로	신HSK4
9 招呼	zhāohu	동 부르다, 인사하다	
10 又	yòu	부 또, 다시, 거듭	신HSK3
11 吩咐	fēnfù	동 분부하다, 명령하다	신HSK6
12 微笑	wēixiào	동 미소하다, 웃음짓다	신HSK5
13 平常人	píngchángrén	평범한 사람	
14 客气	kèqi	형 예의 바르다, 겸손하다	
15 泡	pào	동 물(액체)에 담가두다	
16 惊慌	jīnghuāng	형 놀라 허둥대다	
17 对联	duìlián	명 대련, 주련	
18 羞	xiū	형, 동 부끄럽다, 무안하다	

본문 읽기

一副对联

Yī fù duìlián

左宗棠是清朝的一个大官。
Zuǒ zōngtáng shì Qīngcháo de yí ge dà guān.

有一次，他穿着普通人的衣服去庙里烧香。
Yǒu yí cì, tā chuān zhe pǔtōngrén de yīfu qù miào li shāoxiāng.

庙里的老和尚以为他是个普通人，就随便打招呼
Miāo li de lǎo hēshang yǐwēi tā shì ge pǔtōng rēn, jiù suíbiàn dǎ zhāohū

说："坐！"又吩咐小和尚说："茶！"左大人微笑
shuō: "Zuò!" Yòu fēnfù xiǎo hēshang shuō: "Chá!" Zuǒ dārēn wēixiào

着，没有坐下。
zhe, mēiyǒu zuò xià.

老和尚问他："你从哪儿来？"左宗棠回答说：
Lǎo hēshang wèn tā: "Nǐ cōng nǎr lái?" Zuǒ zōngtáng huídá shuō:

"从北京来。"
"Cōng Běijīng lái."

老和尚想："北京来的可能不是平常人。"于是客气
Lǎo hēshang xiǎng: "Běijīng lái de kěnēng būshì píngchángrēn." Yúshì kèqi

地说："请坐！"又对小和尚说："泡茶！"
de shuō: "Qǐng zuò!" Yòu duì xiǎo hēshang shuō: "Pào chá!"

然后，老和尚又问："您尊姓大名啊？"左宗棠
Ránhòu, lǎo héshang yòu wèn : "Nín zūn xìng dàmíng a?" Zuǒ zōngtáng

说："我姓左，名宗棠。"
shuō : "Wǒ xìng Zuǒ, míng Zōngtáng."

老和尚一听，立刻惊慌地说："请上座！"又大声
Lǎo héshang yì tīng, lìkè jīnghuāng de shuō : "Qǐng shàng zuò!" Yòu dàshēng

吩咐小和尚说："泡好茶！"
fēnfù xiǎo héshang shuō : "Pào hǎo chá!"

后来，老和尚请左大人写对联。左宗棠就写了这
Hòulái, lǎohéshang qǐng Zuǒ dàrén xiě duìlián. Zuǒ zōngtáng jiù xiěle zhè

样一副对联：坐，请坐，请上座；茶，泡茶，泡好茶。
yàng yí fù duìlián : Zuò, qǐng zuò, qǐng shàngzuò. Chá, pào chá, pào hǎochá.

老和尚看了，羞得一句话也说不出来了。
Lǎo héshang kàn le, xiū de yí jù huà yě shuō bu chūlái le.

낭독 목표 : 80초

본문 독해 & 문장 분석

1

左宗棠是清朝的一个大官。

좌종당은 청나라 때의 높은 관리였다.

문장분석

左宗棠	是 (술어)	清朝的	一个	大官。
좌종당	~이다	청 대의	한 명의	높은 관리

2

有一次，他穿着普通人的衣服去一个庙里烧香。

한번은 그가 일반복을 입고 절에 분향하러 갔다.

문장분석

有一次，	他	穿 (술어)	着	普通人的衣服	去 (술어)	一个	庙里	烧 (술어) 香。
한 번	그	입다	~채로	평상복	가다	한	절	분향하다

- **穿着普通人的衣服去** : 동태조사 '着'는 동사나 형용사 뒤에 쓰여 어떤 상태의 지속을 표현한다. 즉, 본문에서는 '穿着…', '입은 채로, 입고'로 해석 가능하다.

1) 姐姐唱着歌走进来。

2) 她抱着孩子去开门。

3 庙里的老和尚以为他是个普通人，就随便招呼说：“坐！”又吩咐小和尚说：“茶！”左大人微笑着，没有坐下。

절의 늙은 스님이 그가 일반 분향객으로 여기고 편하게 인사하며 말했다. “앉으시오! ” 다시 동자승에게 말하길 “차” 라고 했다. 좌대인은 미소를 지으며 앉지 않았다.

문장분석

(술어)
庙里的 老和尚 以为 他 是 个 普通人，
절 안의 늙은 스님 ~여기다 그 이다 보통인

(술어) (술어) (술어)
就 随便 打 招呼 说 ：“坐！”
바로 편하게 인사하고 말하다 앉아요

(술어) (술어) (술어) (술어)
又 吩咐 小和尚 说 ：“茶！”左大人 微笑 着，没有 坐 下。
또 분부하다 동자승 말하다 차 좌대인 미소짓다 않다 앉다

- **以为** : 동사 ‘以为’은 ‘…여기다, 생각하다, 간주하다. 알다’의 뜻으로, ‘…라고 여겼는데, 실제로는 …그렇지 않았다’의 의미를 주는 경우가 많다.

  1) 我以为他已经结婚了。(实际上他没结婚)

  2) 我以为你是韩国人呢。(实际上不是韩国人)

- **随便** : 부사 ‘随便’은 ‘마음대로, 자유로이, 함부로’의 뜻을 가진다. 또한 형용사로 술어로도 쓸 수 있다.

  1) 请随便，不要客气，像在家里一样。

  2) 想买什么随便买。

4 老和尚问他：“你从哪儿来？”左宗棠回答说：“从北京来。”

늙은 스님이 그에게 물었다. “어디서 왔소?” 좌종당이 대답했다. “북경에서 왔습니다.”

문장분석

老和尚	问 (술어)	他	：“你	从	哪儿	来 (술어)	？”
늙은 스님	묻다	그에게	너	~에서	어디	오다	

左宗棠	回答 (술어)	说 (술어)	：“从	北京	来 (술어)	。”
좌종당	대답하다	말하다	~에서	북경	오다	

- 从 : 개사 ‘从’은 ‘…부터’의 뜻으로 ‘장소, 시간의 기점’을 나타낸다.

1) 他从夜里开始，肚子不舒服。

2) 他从美国来。

5

老和尚想："北京来的可能不是平常人。"
于是客气地说："请坐！"又对小和尚说："泡茶！"

늙은 스님은 북경에서 온 것이면 아마도 보통 사람이 아닐 것이라 생각했다. 그래서 겸손하게 말했다. "앉으시죠" 다시 동자승에게 말했다. "차를 끓여라"

문장분석

老和尚	想 (술어)	："北京	来的	可能	不	是 (술어)	平常人。"
늙은 스님	생각하다	북경	온 사람은	아마도	아니다		일반 사람

于是	客气地	说 (술어)	："请	坐 (술어)	！"
그래서	예의 있게	말하다	앉으십시오		

又	对	小和尚	说 (술어)	："泡 (술어)	茶！"
또	~에게	동자승	말하다	끓이다	차를

- **北京来的** : '北京来(북경에서 온)'라는 동사구는 구조조사 '的'를 붙여 명사화된다. 즉, 사람이나 사물을 나타내는 구로 문장에서 주로 주어나 목적어의 역할을 한다.

  1) 他爸爸是个卖菜的。

  2) 公园里非常热闹, 有跳舞的, 有唱歌的, 还有聊天的。

- **客气地** : '客气地'의 '地'는 부사어를 만드는 조사이다. 본문에서는 동사 '说'를 수식하는 부사어이다.

  1) 她难过地流下眼泪。

  2) 老人慢慢地走过来。

● **对** : 개사 '对'는 '…에게, …을 향하여, …에 대해'의 의미하며, 동작이 행위의 대상을 이끌어내는 개사이다.

1) 她对每个人都很友好。

2) 不知道他为什么对我发脾气。

6 然后，老和尚又问："您尊姓大名啊？"
左宗棠说："我姓左，名宗棠。"

그런 다음 스님이 다시 물었다. " 귀하의 존함이 어떻게 되시나요?"
좌종당이 말했다. "내 성은 좌요, 이름은 종당입니다."

문장분석

(술어)
然后， 老和尚 又 问 ："您 尊姓大名啊？"
그런 후에 늙은 스님 또 묻다 당신 귀하의 존함

(술어)
左宗棠 说 ："我 姓 左， 名 宗棠。"
좌종당 말하다 나 성 좌 이름 종당

● **然后** : 연사 '然后'는 '그런 후에, 그 다음에'의 뜻을 가지고 있다.

1) 他把信交给我，然后走掉了。

2) 先大声朗读，然后背下来。

7 老和尚一听，立刻惊慌地说：“请上座！”又大声吩咐小和尚说：“泡好茶！”

늙은 스님은 듣자마자, 즉시 놀라 말하기를, “앉으십시오” 또한 큰 소리로 동자승에게 “좋은 차를 끓여라.”

문장분석

老和尚	一	听（술어），	立刻	惊慌	地	说（술어）：“	请	上（술어）	座！”
늙은 스님	~자마자	듣고	즉시	놀라다		말하다	~하세요	앉다	상석

又	大声	吩咐（술어）	小和尚	说（술어）：“	泡（술어）	好茶！”
또	큰소리로	분부하다	동자승	말하다	끓이다	좋은차

8 后来，老和尚请左大人写对联。

나중에 늙은 스님이 좌종당에게 대련을 적어줄 것을 부탁했다.

문장분석

后来，	老和尚	请（술어）	左大人	写（술어）	对联。
후에	늙은 스님	부탁하다	좌대인	쓰다	대련

9 左宗棠就写了这样一副对联：坐，请坐，请上座。茶，泡茶，泡好茶。

좌종당은 다음과 같은 대련 하나를 적었다.
坐，请坐，请上座。茶，泡茶，泡好茶。

문장분석

(술어)

左宗棠 就 写 了 这样 一副 对联 ：

좌종당 바로 쓰다 이렇게 한편의 대련

坐，请坐，请上座。茶，泡茶，泡好茶。

- **副** : '켤레, 쌍, 세트'를 의미하며 한 벌 또는 세트로 된 물건을 세는 단위이다.

1) 他带着一副手套。

2) 我买了一副扑克。

10 老和尚看了，羞得一句话也说不出来了。

늙은 스님이 보고는 부끄러워서 한마디 말도 하지 못했다.

문장분석

(술어) (술어)

老和尚 看 了, 羞 得 一句 话也 说 不 出来了。

늙은스님 보다 부끄럽다 한마디 말도 말할 수 없다

- **羞得一句话也说不出来了** : '羞得一句话也说不出来'는 '동사 + 得 + 정도보어'의 구조를 가지고 있다. '一句话也说不出来(한마디도 말할 수 없었다)'는 문장이면서 서술어 '羞'를 보충 설명해 주는 보어이다.

1) 他跑得气喘吁吁。

2) 弟弟笑得像个傻瓜。

추가단어

* 气喘吁吁(qìchuǎn xūxu)
숨을 가쁘게 몰아쉬다.

문법 더 이해하기

동태조사

동태조사는 동사나 형용사 뒤에 붙어 동작, 서술어의 변화나 상태를 표현한다. 동태조사에는 '了', '过', '着'가 있다.

1. 了

1) '了'는 동사 뒤에 동작, 행위의 완료를 표현한다.
   我吃了一个馒头。
   他去了学校一趟。

2) 부정형은 '没(有)'를 쓴다.
   我没(有)去学校。
   他没(有)吃晚饭。

3) 의문형은 '+ 吗?, +了没有?, 동사 + 没 + 동사'로 표현한다.
   你吃饭了吗？
   他去学校了没有？
   你去没去学校？

2. 过

1) '过'는 '~한 적이 있다'의 뜻으로 과거의 경험을 표현한다.
   我看过中国电影。
   姐姐去过美国。

2) 부정형은 '没(有) + 동사 + 过'로 쓴다.
   我没看过中国电影。
   姐姐没有去过美国。

3) 의문형은 '+ 吗?, ~没有?'로 표현한다.
你看过中国电影吗？
姐姐去过美国没有？

3. 着

1) '着'는 '동작, 상태의 지속'을 나타낸다.
他穿着一件夹克衫。
墙上挂着一幅画。

2) 부정형은 '没有 + 동사 + 着'로 쓴다.
他没有穿着西装。
墙上没有挂着画。

중국 문화 더 알기

중국의 춘절(春节)

중국의 가장 대표적인 명절이 바로 춘절입니다. 이 기간 동안 이동하는 인구수는 약 23억명이라고 합니다. 보통 1주일에서 보름 정도를 쉽니다. 춘절이 되기 하루 전날 저녁을 추시(除夕)라고 하는데 우리의 제야(除夜)에 해당하는 것으로 이날 흩어져있던 온 가족이 모여 '니엔이에판(年夜饭)'을 먹습니다. 저녁을 먹고 나서는 가족들이 모두 모여 앉아 만두를 빚으며 춘지에완후이(春节晚会)라는 TV 프로그램을 보거나 마작 놀이를 하며 자정이 되기를 기다리는데 이를 서우쑤이(守岁)라고 합니다.

설날에 받는 홍빠오

새해를 맞이하며 터뜨리는 폭죽

명절에 중국인들이 가장 즐겨 하는 오락 마작

만두는 중국어로 교자(饺子)라고 하는데, 이때 교(饺)의 발음이 '교체되다'라는 의미인 교(交)와 같아서 지난해와 새해가 교체된다는 의미로 만두를 만들어 먹습니다. 이윽고 자정을 가리키는 12시를 알리는 종소리가 울리는 순간 사람들은 폭죽을 터트리기 시작 합니다. 폭죽은 악귀와 병마를 쫓아내고 복을 불러온다는 풍습이 있습니다.

새해 아침이 되면 "新年快乐"(새해 복 많이 받으세요), "恭喜发财"(새해 돈 많이 버세요)라고 말하며 두 손을 맞잡고 새해 인사를 합니다. 그리고 세뱃돈인 야수이치엔(压岁钱)을 홍빠오 (红包)라는 붉은색 봉투에 넣어줍니다. 또 중국에서는 춘절에 집 대문 양쪽으로 붉은 바탕의 종이에 좋은 내용의 글을 쓴 대련(對聯)을 붙입니다. 이것은 새해의 소원이나 바램을 적어서 기원하는 것입니다. 주로 집안의 안녕과 복을 비는 내용이 많습니다. 또 '福'자를 거꾸로 붙이는데 이것은 '복이 거꾸로 되었다(福倒)' 는 의미와 '복이 왔다(福到来)'는 발음이 같기 때문입니다.

새해 중국인들이 대문에 붙이는 대련

第10课

贪心的骆驼

이 과에서는

정도보어에 대해 공부합니다. □ 국제 중국어 문법등급 5급

중첩형을 공부합니다.

중국의 미술에 대해 알아봅니다.

단어 익히기

단어	병음	뜻	급수
1 贪心	tānxīn	형 탐욕스럽다, 욕심스럽다	
2 寒冷	hánlěng	형 한랭하다, 춥고 차다	
3 阿拉伯人	Ālābórén	명 아라비안인	
4 帐篷	zhàngpeng	명 장막, 천막	신HSK6
5 骆驼	luòtuo	명 낙타	
6 主人	zhǔrén	명 주인	신HSK5
7 伸	shēn	동 내밀다, 펼치다	신HSK5
8 暖和	nuǎnhuo	형/동 따뜻하다, 녹이다	신HSK4
9 脖子	bózi	명 목	
10 前腿	qiántuǐ	명 (짐승의)앞다리, 앞발	
11 厉害	lìhai	형 무섭다, 대단하다	신HSK4
12 后腿	hòutuǐ	명 뒷다리	
13 钻进	zuānjìn	동 파고들다, 뚫고 들다	
14 装	zhuāng	동 싣다, 꾸리다	신HSK5
15 脚	jiǎo	명 다리, 발	
16 踢	tī	동 차다, 발길질하다	신HSK2

본문 읽기

贪心的骆驼

Tān xīn de luòtuo

一个寒冷的夜晚，有位阿拉伯人正坐在自己的帐篷里。这时，帐篷门开了，他的骆驼把头伸了进来。
Yī ge hánlěng de yèwǎn, yǒu wèi Ā lā bó rén zhèng zuò zài zìjǐ de zhàngpeng li. zhè shí, zhàngpeng mén kāi le, tā de luòtuo bǎ tóu shēn le jìnlái.

阿拉伯人问："你有什么事啊？"
Ā lā bó rén wèn: "nǐ yǒu shénme shì a?"

骆驼说："主人啊，外面太冷，我把头伸进来暖和暖和，可以吗？"
Luòtuo shuō: "zhǔrén a, wàimian tài lěng, wǒ bǎ tóu shēn jìnlái nuǎnhuo nuǎnhuo, kěyǐ ma?"

阿拉伯人说："没问题。"
Ā lā bó rén shuō: "méi wèntí."

过了一会儿，骆驼又问："主人啊，我把脖子也伸进来，可以吗？"
Guò le yí huìr, luòtuo yòu wèn: "zhǔrén a, wǒ bǎ bózi yě shēn jìnlái, kěyǐ ma?"

主人说："可以。"
Zhǔrén shuō: "kěyǐ."

又过了一会儿，骆驼问："主人啊，我把前腿伸
Yòu guòle yí huìr, luòtuo wèn : "Zhǔrén a, wǒ bǎ qiántuǐ shēn

进来，可以吗？"
jìnlái, kěyǐ ma ?"

主人说："好吧。"
Zhǔrén shuō : "Hǎoba."

这时候，帐篷里面的空间已经很小了。
Zhè shíhou, zhàngpeng lǐmiàn de kōngjiān yǐjīng hěn xiǎo le.

"主人啊，我的后腿也冷得厉害，让我的后腿也进来
"Zhǔrén a, wǒ de hòutuǐ yě lěng de lìhai, ràng wǒ de hòutuǐ yě jìnlái

吧。"骆驼说着，完全钻进了帐篷，可帐篷太小，装
ba." Luòtuo shuō zhe, wánquán zuānjìn le zhàngpeng, kě zhàngpeng tài xiǎo, zhuāng

不下主人和骆驼。于是，骆驼一脚把主人踢到了帐篷
bú xià zhǔrén hé luòtuo. Yúshì, luòtuo yì jiǎo bǎ zhǔrén tī dào le zhàngpeng

外面。
wàimian.

낭독 목표 : 70초

본문독해 & 문장분석

1 一个寒冷的夜晚，有位阿拉伯人正坐在自己的帐篷里。

어느 한 추운 밤 한 아랍인이 자신의 천막에 앉아 있었다.

문장분석

(술어)

一个 寒冷的 夜晚, 有位 阿拉伯人 正 坐 在 自己的 帐篷里。

어느 한랭한 밤 한 아랍인 마침 앉다 ~에 자신의 천막 안에

- 正 : 부사 '正'은 '마침, 한창, 바야흐로'의 뜻으로 동작의 진행이나 상태 지속을 표현한다.

  1) 我正开车呢。

  2) 学生们正在教室上课。

2 这时，帐篷门开了，他的骆驼把头伸了进来。

이때 천막 문이 열리고 그의 낙타가 머리를 내밀었다.

문장분석

(술어)

这时, 帐篷门 开 了, 他的骆驼 把 头 伸 了 进来。

이때 천막 문 열리다 그의 낙타 ~을 머리 내밀다 들어오다

- **伸了进来** : 동사 '伸(내밀다)'에 '进来(들어오다)'는 동사의 방향을 명확하게 밝혀준다. 이처럼 '进来'는 복합방향보어로 동작의 방향을 보충할 때 쓴다. 장소 목적어가 있을 경우, 보어 来, 去 앞에 장소 목적어가 온다.

1) 老师走进教室来。

2) 小狗从门外跳了进来。

3

阿拉伯人问："你有什么事啊？"
骆驼说："主人啊，外面太冷，我把头伸进来暖和暖和，可以吗？"
阿拉伯人说："没问题。"

아랍인이 물었다. "무슨 일 있니?" 낙타가 말했다. "주인님 밖이 너무 추워요 내 머리를 들여서 따뜻하게 할 수 있을까요? 아랍인이 말했다. "문제없어"

문장분석

(술어) (술어)
阿拉伯人 问 ："你 有 什么事啊？"
아랍인이 묻다 너 있니 무슨 일

(술어) (술어)
骆驼 说 ："主人啊，外面 太 冷，
낙타 말하다 주인님 밖이 너무 춥다

(술어) (술어)
我 把头 伸 进来 暖和暖和，可以吗？"
나 ~을 머리 내밀다 들어오다 따뜻하게 하다 될까요?

(술어)
阿拉伯人 说 ："没问题。"
아랍인 말하다 문제없어

- **暖和暖和** : '暖和'는 형용사, 동사를 모두 겸할 수 있는 단어(겸류사)이다. 이 단어가 동사인지, 형용사인지 모른다면 '중첩의 형태'로 판단할 수도 있다. 이와 같이 중첩 형식은 동사인지 형용사인지에 따라 달라진다.

이음절 단어의 중첩 형식

● 동사 : ABAB

研究研究 讨论讨论 看望看望 安慰安慰

● 형용사 : AABB

红红火火 漂漂亮亮 干干净净 仔仔细细 整整齐齐

중첩의 효과

● 동사 : 어떤 동작을 잠깐 동안, 혹은 적은 횟수로 시도함.

● 형용사 : 의미의 강화.

그러므로, '暖和暖和'는 'ABAB' 형식이므로 동사이며, '좀 따뜻하게 하다(시도)'의 의미를 가진다.

● 동사 중첩의 예문:

1) 咱们来商量商量这件事吧。

2) 我在家打扫打扫房间。

4 过了一会儿，骆驼又问："主人啊，我把脖子也伸进来，可以吗？" 主人说："可以。"

조금 있다가 낙타가 다시 물었다. "주인님 내 목도 들일 수 있을까요?" 주인이 말했다. "괜찮아"

문장분석

(술어) 过 / 了一会儿, 骆驼 / 又 / (술어) 问 ："主人啊, 我 / 把 / 脖子 / 也 / (술어) 伸 / 进来,

~지나다 / 잠시 / 낙타 / 또 / 묻다 / 주인님 / 나 / ~을 / 목 / 역시 / 밀다 / 들어오다

可以吗？"主人 / (술어) 说 ："可以。"

괜찮아요? / 주인 말하길 / 괜찮아

- **过了** : 동사 '过'는 여러 가지 뜻이 있다. '어떤 장소를 지나다, 경과하다'의 뜻과 '범위나 한도를 넘다, 초과하다'의 뜻 등 다양하다. 본문에서 '过'는 '시간, 시점을 지나다, 지내다, 경과하다'라는 의미로 쓰였다.

1) 过了一个小时，他才回来。

2) 过了一个月，他们就分手了。

5 又过了一会儿，骆驼问："主人啊，我把前腿伸进来，可以吗？"

또 조금 있다가 낙타가 물었다. "주인님 저 앞 다리도 들여 놓을 수 있을까요?"

문장분석

又	过 (술어)	了	一会儿,	骆驼	问 (술어)	:"主人啊,	我	把	前腿	伸 (술어)	进来,
또	지났다		잠시	낙타	묻다	주인아	나	~을	앞다리	밀다	들어오다

可以吗？"

괜찮아요?

6 主人说：“好吧。”这时候，帐篷里面的空间已经很小了。

주인은 “그래”라고 했다. 이때 천막 안의 공간은 이미 비좁았다.

문장분석

(술어)

主人 说 ：“好吧。”

주인이 말하길, 그래

(술어)

这 时候，帐篷里面的空间已经很 小 了。

이 때 천막 안에 공간 이미 매우 작다

- **형용사＋了**：조사 ‘了’는 동사 뒤에 동작이나 행위가 완료됨을 나타내거나, 문장 끝에 어기 조사로 쓰여 새로운 상황이 출현되거나 상태가 변화되었음을 나타낸다. 본문에서는 형용사 ‘小’ 뒤에 붙어 ‘작아졌다’의 의미를 표현한다.

  1) 天气热了。

  2) 枫叶红了。

7 "主人啊，我的后腿也冷得厉害，让我的后腿也进来吧。"

" 주인님，나의 뒷다리도 너무 추워요 제 뒷다리도 들어가게 해 주세요.

문장분석

(술어) 冷 / (술어) 进来

"主人啊, 我的后腿 也 冷 得厉害, 让 我的后腿 也 进来 吧。"

주인아, 내 뒷다리 역시 춥다 매우 심히 ~하게 하다 내 뒷다리 역시 들어오다

- **冷得厉害** : 형용사 '冷' 뒤에 '得＋厉害'는 정도를 보충 설명하는 정도 보어로 쓰인 것이다.

1) 他的声音大得吓人。

2) 这幅油画贵得要命。

8 骆驼说着，完全钻进了帐篷，可帐篷太小，装不下主人和骆驼。

낙타는 말을 하며 천막을 완전히 점령해버렸지만, 천막은 너무 작아서 주인과 낙타를 들일 수 없었다.

문장분석

(술어) (술어) (술어) (술어)

骆驼 说 着，完全 钻进 了帐篷，可帐篷太 小，装 不下

낙타가 말하며, 완전히 파고들다 천막 천막이 너무 작아 담을 수 없다

主人和骆驼。

주인과 낙타

- 装不下 : '서술어+得/不+보어'의 형태는 서술어 뒤에 놓여 가능 여부를 보충 설명하는 '가능보어'이다. '装不下'는 '담을 수 없다'로 해석 가능하다.

  1) 这些作业我写得完。

  2) 包子太多，我吃不了。

9 于是，骆驼一脚把主人踢到了帐篷外面。

그래서 낙타는 주인을 천막 밖으로 차 버렸다.

문장분석

于是，	骆驼	一脚	把	主人	踢 (술어)	到了	帐篷外面。
그래서,	낙타는	한 발	~을	주인	차다		천막 밖으로

- **踢到** : 동사 '踢'에 결과 보어 '到'는 동사, 동작의 결과인 도착지, 장소를 표현한다.

1) 弟弟一口气跑到了学校。

2) 今天就学到这里吧。

문법 더 이해하기

정도 보어

형식: 주어 + 서술어 + 得 + 정도 보어

서술어 뒤에 놓여서 정도를 보충 설명하는 문장성분이 바로 정도 보어이다. 정도 보어는 서술어 정도의 심함을 강조하는 기능을 가진다.

1) 정도보어 문장은 대부분 구조조사 '得'를 써서 이끌어낸다. 동사의 정도를 설명하고, 상황이나 사물을 묘사하는 문장이 많다. 이때 목적어가 있는 구문은 '서술어 + 목적어 + 서술어 + 得 + 정도보어' 혹은 목적어를 전치하여 '목적어 + 서술어 + 得 + 정도보어'의 형태로 나타낸다.

   他写得很好。

   他写得汉字很好(X)。 → 他写汉字写得很好。(목적어 있을 때)
   → 他汉字写得很好。(목적어 전치)

2) 의문문은 '吗'를 쓰거나 보어 부분을 '긍정형+부정형' 형태로 만든다.
   他写得好吗？
   他写得好不好？
   他写得怎么样？

3) 부정부사는 서술어 앞이 아니라 정도보어 앞에 쓴다.
   他写得不好。
   我吃得不多。

[참고] 고정형식의 정도 보어

서술어 + 得 + 很	哈尔滨的冬天冷得很。
서술어 + 得 + 多	大象比老虎大得多。
서술어 + 得 + 不得了	他肚子疼得不得了。
서술어 + 要命/要死	爸爸气得要命。
서술어 + 极了	这里的风景漂亮极了。
서술어 + 多了	爷爷的病好多了。
서술어 + 透了	这个柿子已经熟透了。

중국 문화 더 알기

중국의 그림

중국의 그림은 크게 두 가지로 나눕니다. 하나는 문인들이 자신의 뜻을 그림으로 표현한 문인화로 이를 사의화(寫意畵)라고 합니다. 다른 하나는 전문 화공들이 세밀한 붓으로 인물, 꽃, 새와 같은 사물들을 아주 정교하게 그린 것으로 이를 공필화(工筆畵)라고 합니다. 예를 들자면 추사 김정희의 세한도(歲寒圖) 같은 것이 대표적인 사의화입니다. 선비들이 그리는 문인화는 서예의 한 연장선으로 서예의 서법으로 그림을 그렸습니다. 그래서 그림을 그리고 낙관을 찍기 전 이름을 쓸 때도 누가 '그렸다(畵)'고 말하지 않고 누가 '썼다(寫)' 고 합니다. 사의화에는 소나무, 대나무, 난초, 국화 등을 그린 것이 특히 많은데 문인들의 풍격과 정신을 상징적으로 표현합니다.

소동파도 대나무를 사랑하여 항상 대나무를 곁에 심어 두었고 대나무 그림을 많이 그렸다고 합니다. 그는 "식사를 할 때 고기가 없는 것은 괜찮지만, 사는 곳에 대나무가 없어서는 안 된다. 고기가 없으면 사람이 여위겠지만 대나무가 없으면 사람이 저속해진다고 하였습니다. (可使食無肉, 不可使居無竹；無肉令人瘦, 無竹令人俗。)" 문인 정신을 잘 표현한 멋진 말입니다.

소동파가 그린 <瀟湘石竹圖>

徐悲鸿(1895-1953)의 말

중국의 가장 대표적인 화가 張大千(1899~1983)의 作品

張大千作品

第11课

油条的起源

이 과에서는

把자문에 대해 공부합니다. □ 국제 중국어 문법등급 5급

자주 활용되는 **보어**를 공부합니다.

중국의 음식에 대해 알아봅니다.

단어 익히기

번호	단어	병음	뜻	HSK
1	宋朝	Sòngcháo	명 송나라, 송조	
2	金国	Jīnguó	명 금나라	
3	强大	qiángdà	형 강대하다	
4	抢走	qiǎngzǒu	동 빼앗기다, 빼앗다	
5	大将	dàjiàng	명 대장	
6	岳飞	Yuèfēi	명 악비	
7	立志	lìzhì	동 뜻을 세우다, 결심하다	
8	收复	shōufù	동 되찾다, 수복하다	
9	带领	dàilǐng	동 인솔하다, 거느리다	신HSK6
10	打退	dǎtuì	동 물리치다, 격퇴하다	
11	皇帝	huángdì	명 황제	신HSK6
12	糊涂	hútu	형 어리석다, 혼란하다	신HSK5
13	竟然	jìngrán	부 뜻밖에도, 의외로	신HSK4
14	相信	xiāngxìn	동 믿다, 신임하다	
15	奸臣	jiānchén	명 간신	
16	失声痛哭	shīshēngtòngkū	목이 잠기도록 실컷 울다.	
17	恨	hèn	동 원망하다, 증오하다	신HSK5
18	咬牙切齿	yǎoyáqièchǐ	성 격분하여 이를 갈다	
19	捏	niē	동 빚다, 잡다	
20	油锅	yóuguō	명 기름솥	
21	炸	zhá	동 폭발하다, 화를 터뜨리다	
22	酥	sū	형 바삭바삭하다	
23	嫩	nèn	형 부드럽다, 말랑하다	신HSK5

본문 읽기

油条的起源

Yōutiáo de qǐyuán

宋朝时，北方的金国非常强大，抢走了宋朝的很多土地。宋朝大将岳飞，立志收复国土，带领士兵，把敌人打退了。

Sòngcháo shí, běifāng de Jīnguó fēicháng qiángdà, qiǎngzǒu le Sòngcháode hěn duō tǔdì. Sòngcháo dàjiàng Yuèfēi, lìzhì shōufù guótǔ, dàilǐng shìbīng, bǎ dírén dǎ tuì le.

可是，当时宋朝的皇帝糊涂得要命，竟然相信了奸臣秦桧的话，把岳飞害死了。

Kěshì, dāngshí Sòngcháo de huángdì hútu de yàomìng, jìngrán xiāngxìn le jiānchén Qínhuì de huà, bǎ Yuè fēi hài sǐ le.

百姓们听到这个消息，都失声痛哭，恨秦桧恨得咬牙切齿。那时候，有些聪明人用面粉做成秦桧夫妇的样子，捏在一起，放在油锅里炸，做成食物，起名叫“油炸秦桧”，有的地方也叫“油条”。

Bǎixìngmen tīngdào zhè ge xiāoxi, dōu shīshēngtòngkū, hèn Qín huì hèn de yǎoyá qièchǐ. Nàshíhou, yǒu xiē cōngmingrén yòng miànfěn zuòchéng Qín huì fūfù de yàngzi, niē zài yìqǐ, fàng zài yóuguō li zhá, zuòchéng shíwù, qǐmíng jiào “Yóu zhá Qín huì”, yǒu de dìfāng yě jiào “Yóutiáo”。

油条外酥里嫩，非常好吃，后来成了中国人最喜爱的早餐。

Yóutiáo wài sū lǐ nèn, fēicháng hǎochī, hòulái chéng le Zhōngguórén zuì xǐ'ài de zǎocān.

낭독 목표 : 60초

본문 독해 & 문장 분석

1

宋朝时，北方的金国非常强大，抢走了宋朝的很多土地。

송나라시대 때 북방의 금나라는 매우 강대하여 송나라의 많은 땅을 빼앗아 갔다.

문장분석

(술어) 强大, (술어) 抢走

宋朝 时, 北方的 金国 非常 强大, 抢走 了宋朝的很多土地。

송 대 –때 / 북방의 / 금나라 / 매우 / 강대하다 / 빼앗다 / 송대의 / 많은 / 토지

● **非常** : '매우, 아주'를 뜻하며, 이처럼 상태의 정도를 표현하는 부사를 '정도부사'라고 한다.

자주 활용되는 정도부사

	설명	예문
很	가장 자주 활용되는 부사로 '매우, 아주'의 뜻을 가지고 있다. 형용사 앞에서는 습관적으로 붙이기도 하며, 이때는 발음을 약하게 한다.	我父母身体都很好。 他很会说话。
太	'太~了'의 형태로 자주 쓰이며, 일반적인 정도보다 지나침을 나타낼 때도 있다.	今天天气太好了。 你太过分了。
更	'더, 더욱', 정도가 더 심해지는 경우 쓴다.	现在情况更好一点了。
十分	'非常'과 비슷하며, 주로 서면어로 쓰인다.	这个问题十分复杂。
挺	'매우, 아주, 너무'등의 뜻으로 '挺~的'의 형태로 자주 쓰인다.	他的房间挺干净的。
最	'가장, 제일, 최고의', 가장 심한 정도를 표현할 때 쓴다.	我最喜欢看电影。

2 宋朝大将岳飞，立志收复国土，带领士兵，把敌人打退了。

송나라 장군 악비는 국토회복의 뜻을 세우고 병사를 이끌고 적들을 물리쳤다.

문장분석

宋朝	大将	岳飞，	立志 (술어)	收复	国土，	带领 (술어)	士兵，
송 대	장군	악비	뜻을 세우다	회복하다	국토,	이끌다	병사

把	敌人	打退 (술어)	了。
~을	적	물리치다	

- **把敌人打退** : '把' 자문은 원래 서술어 뒤에 위치하는 목적어를 전치하는 작용을 한다. 대부분 이런 경우 서술어 뒤에 부가 성분이 온다. 본문 문장은 '把 + 敌人(목적어) + 打退(서술어) + 到(결과보어) '으로 구성된다.

1) 小狗把骨头叼走了。

2) 老师把那个学生批评了一顿。

추가단어

* 叼 diāo 입에 물다
* 顿 dùn 한번, 한차례

3 可是，当时宋朝的皇帝糊涂得要命，竟然相信了奸臣秦桧的话，把岳飞害死了。

그러나 당시 송나라의 황제는 너무나 어리석어 도리어 간신 진회의 말을 믿고 악비를 죽였다.

문장분석

(술어)

可是，当时 宋朝的 皇帝 糊涂 得 要命，

그러나 당시 송대의 황제 어리석다 아주 심하게

(술어) (술어)

竟然 相信 了 奸臣 秦桧的 话，把 岳飞 害 死了。

뜻밖에도 믿다 간신 진회의 말 ~을 악비 죽이다

- **糊涂得要命**：정도보어 '…得要命'은 동사, 형용사의 정도가 극한 정도, 상태에 달했음을 나타낸다.

  1) 爷爷气得要命。

  2) 今天公司里忙得要命。

4 百姓们听到这个消息，都失声痛哭，恨秦桧恨得咬牙切齿。

백성들이 소식을 듣고 모두 대성통곡을 했고, 이를 갈며 진회를 저주했다.

문장분석

百姓们	听 (술어)	到	这	个	消息,	都	失声	痛哭 (술어),
백성들	듣다		이		소식	모두	대성	통곡하다

恨 (술어)	秦桧	恨 (술어)	得	咬牙切齿。
미워하다	진회	미워하다		이를 물고, 이를 갈다

● **恨秦桧恨得咬牙切齿** : 이 문장은 '서술어 + 목적어 + 서술어 +정도보어'의 형태이다. 정도 보어는 목적어가 서술어 뒤에 올 수 없다. 그런 이유로 서술어를 중복해서 앞에 쓰고 다시 서술어와 보어를 쓴다.

1) 他吃饭吃得非常快。

2) 哥哥画画画得非常认真。

5 那时候，有些聪明人用面粉做成秦桧夫妇的样子，捏在一起，放在油锅里炸，做成食物，起名叫“油炸秦桧”，有的地方也叫“油条”。

그 때, 몇몇 똑똑한 사람들이 밀가루로 진회 부부 모양을 만들어 같이 반죽하여, 기름 솥에 튀겨 음식으로 만들고는 “기름에 튀긴 진회”라고 이름 붙였고 어떤 지방에서는 “기름에 튀긴 것”이라고 했다.

문장분석

(술어)

那时候，有 些 聪明 人 用 面粉 做 成 秦桧 夫妇的 样子，

몇 몇 똑똑하다 사람 ~로 밀가루 만들다 진회 부부의 모양

(술어) (술어) (술어)

捏 在一起， 放 在 油 锅 里 炸，

붙이다 함께 넣다 ~에 기름 솥 안 튀기다

(술어) (술어)

做 成 食物， 起名 叫 “油炸 秦桧”，

만들다 먹거리 이름을 붙이다 부르다 기름에 튀긴 진회

(술어)

有的 地方 也 叫 “油条”。

어떤 지방 ~도 부르다 여우티아오

- **做成** : 보어 ‘成’은 ‘A 成 B, A가 B되다’의 뜻으로 동사의 결과의미를 보충해준다.

1) 那个外国学生把“太”字写成“大”字了。

2) 我把你姐姐当成你妹妹了。

6 油条外酥里嫩，非常好吃，后来成了中国人最喜爱的早餐。

여우티아오(油条)는 겉은 바싹 하고 속은 부드러워 매우 맛있기에 후대 중국사람들이 가장 좋아하는 아침식사가 되었다.

문장분석

油条	外	酥 (술어)	里	嫩 (술어),	非常	好吃 (술어),
여우티아오	겉은	딱딱하다	안은	부드럽다	매우	맛있다.

后来	成 (술어)	了	中国人	最	喜爱的	早餐。
후에	~되다		중국이	가장	좋아하는	아침식사

문법 더 이해하기

'把'자문

형식 : 주어 + 把 + 목적어 + 서술어 + 기타성분

'把'는 개사로 목적어를 서술어 앞으로 전치시키는 기능이 있다. '把' 를 쓰게 되면 한국어의 어순처럼 '주어 + 把 목적어 + 서술어'의 형태를 쓸 수 있으나 '把' 자문은 아무데나 쓸 수 있는 것은 아니다. 즉, 단순한 서술이 아니라 사람이나 사물을 처리한 결과를 강조할 때 쓴다.

1) '把자문'은 서술어의 처리 결과를 강조하고자 할 때 쓴다.
   他把饭吃掉了。
   请把门打开。

2) '把+목적어'를 쓸 때는 서술어 뒤에 기타 성분을 쓰게 된다. 만약 서술어가 단독으로 쓰인다면, '把자문' 을 쓸 수 없다.
   我把书看。(×)　　→ 我把书看完了。(◯)
   他把电脑关。(×)　→ 他把电脑关上了。(◯)

3) 부정형을 쓸 때는, '把+목적어' 앞에 '不, 别, 不要'를 쓴다.
   我不想把你的秘密告诉他。
   你别把蛋糕都吃掉。
   你不要把手机弄坏了。

4) 능원동사(能, 可以, 会…)나 부사가 올 때는 역시 '把+목적어' 앞에 쓴다.
   你可以把这本书还给他吗？
   我会把衣服洗完的。
   他能把这些酒喝掉。
   你应该把帽子挂到衣帽架上。

중국 문화 더 알기

중국의 음식

"백성들은 먹는 것을 하늘로 여긴다.(民以食爲天)"는 중국 속담이 있습니다. 그만큼 중국인들은 먹는 것을 중요시 여깁니다. 다른 사람에게 접대를 받았을 때에도 어떤 음식을 대접받았는지를 통해 자신이 얼마나 대접을 잘 받았는지 못 받았는지를 평가합니다.

중국의 음식을 크게 네 가지로 나누면 북경(산동)요리, 사천요리, 상해(강소)요리, 광동요리로 나눌 수 있습니다.

북경요리의 특징은 기름으로 튀긴 기름진 것들이 많습니다. 이는 추운 북방의 기후에 적합한 고칼로리 음식이 발달했기 때문입니다.

북경오리(北京烤鸭)

사천의 대표음식 훠궈(火锅)

사천요리의 특징은 매운 것입니다. 다른 지역 사람들은 "매운 것이 겁나지 않는다(不怕辣)"고 하지만 사천사람들은 "맵지 않을까 겁난다(怕不辣)"고 말합니다. 이렇게 사천지역 사람이 매운 음식을 먹는 이유는 사천지역이 습하기 때문입니다. 즉 매운맛으로 몸의 습한 기운을 배출하려는 것입니다.

상해요리는 양쯔강 유역에서 생산되는 야채와 곡물 및 여러 수산물로 만들어서 달콤한 것이 특징입니다.

광동요리는 강과 바다, 산, 평야 등지에서 나는 다양한 식재료를 바탕으로 합니다. 또 오래 전부터 국제화 되어 세계 사람들의 다양한 입맛에 맞추어 발달한 요리입니다. 광동요리는 재료의 자연스런 맛을 중시해서 신선한 재료를 강한 불에 살짝 익히고 간을 조금하기 때문에 맛이 담백한 특징이 있습니다.

상해의 대표요리 털게

광동사람이 좋아하는 뱀요리

第12课

东坡肉

이 과에서는

연동문에 대해 공부합니다. □ 국제 중국어 문법등급 4급
겸어문에 대해 공부합니다. □ 국제 중국어 문법등급 4급
중국의 **술**과 **차**에 대해 알아봅니다.

단어 익히기

1 名菜	míngcài	명 유명한 요리	
2 苏东坡	Sū dōng pō	인명 소동파	
3 做官	zuòguān	동 관직에 오르다, 관리가 되다	
4 发大水	fādàshuǐ	홍수가 지다	
5 治理	zhìlǐ	동 정비하다, 통치하다, 치수하다	신HSK6
6 仔细	zǐxì	형 세심하다, 꼼꼼하다	신HSK4
7 考察	kǎochá	동 정밀히 관찰하다	신HSK6
8 疏通	shūtōng	동 (도랑·강바닥 따위를) 준설하다, 소통시키다	
9 黄酒	huángjiǔ	명 황주	
10 厨师	chúshī	명 요리사, 조리사	
11 坛	tán	명 항아리	
12 称为	chēngwéi	동 ...(이)라고 부르다, 일컫다, 칭하다	
13 由于	yóuyú	연 …때문에, …(으)로 인하여 세상에 널리 퍼지다	신HSK5
14 鲜美	xiānměi	형 맛이 좋다, 산뜻하고 아름답다	
15 代代相传	dàidàixiāngchuán	성어 대대로 전해 내려오다	
16 家喻户晓	jiāyùhùxiǎo	성어 집집마다 다 알다	신HSK6

본문 읽기

东坡肉
Dōng pō ròu

“东坡肉”，是中国的一道名菜。相传，宋代大诗人
“Dōng pō ròu”, shì Zhōngguó de yí dào míngcài. Xiāngchuán, Sòngdài dà shīrén

苏东坡，曾去杭州做官。杭州的西湖常常发大水，为了治
Sūdōngpō, céng qù Hángzhōu zuòguān. Hángzhōu de Xīhú chángcháng fā dàshuǐ, wèile zhì

理西湖，苏东坡仔细考察以后，带领百姓们疏通了西湖。
lǐ Xīhú, Sūdōngpō zǐxì kǎochá yǐhòu, dàilǐng bǎixìngmen shūtōng le Xīhú.

百姓们为了感谢苏东坡，送给他很多猪肉和黄酒。苏
Bǎixìngmen wèile gǎnxiè Sūdōngpō, sònggěi tā hěn duō zhūròu hé huángjiǔ. Sū

东坡让厨师把肉块放进大坛里，做出一道美味，他把这
dōngpō ràng chúshī bǎ ròukuài fàngjìn dà tánli, zuòchū yídào měiwèi, tā bǎ zhè

道菜送给百姓们吃，百姓们 称这道菜为“东坡肉”。
dào cài sòng gěi bǎixìngmen chī, bǎixìngmen chēng zhè dàocài wéi “Dōng pō ròu”.

由于东坡肉味道鲜美，很快就流传到了很多地方，而
Yóuyú Dōngpōròu wèidao xiānměi, hěn kuài jiù liúchuán dào le hěn duō dìfāng, ér

且代代相传， 现在已经成了家喻户晓的名菜。
qiě dài dài xiāngchuán, xiànzài yǐjīng chéngle jiāyùhùxiǎo de míngcài.

낭독 목표 : 60초

본문 독해 & 문장 분석

1 "东坡肉"，是中国的一道名菜。

동파육은 중국의 유명 요리이다.

문장분석

"东坡肉"，	(술어) 是	中国的	一道	名菜。
동파육	~이다	중국의	하나의	유명한 요리

● **一道名菜** : 양사 '道'는 '菜'를 세는 양사이다.

1) 厨师做了五道宫廷菜。

2) 这道菜名字叫麻婆豆腐。

2 相传，宋代大诗人苏东坡，曾去杭州做官。

전해지는 바에 따르면, 송대 대시인 소동파는 관리가 되어 항저우에 간 적이 있다.

문장분석

相传,	宋代	大诗人	苏东坡,	曾	去 (술어)	杭州	做 (술어)	官。
전해지다	송대	대시인	소동파	~한 적이 있다	가다	항저우	관리가 되다	

- **曾** : 부사 '曾', '일찍이, 이미, 벌써'라는 뜻을 가지고 있으며, 동태조사 '过'와 호응된다.

1) 他曾是一名小学老师。

2) 我曾经去过美国。

3

杭州的西湖常常发大水，为了治理西湖，苏东坡仔细考察以后，带领百姓们疏通了西湖。

항저우의 서호는 자주 큰 홍수가 났는데, 서호를 정비하기 위해 소동파는 자세히 조사한 후 백성들을 이끌고 서호를 준설하였다.

문장분석

			(술어)			(술어)	
杭州的	西湖	常常	发	大水,	为了	治理	西湖,
항저우의	서호	자주	발생하다	홍수	~하기 위하여	정비하다	서호

		(술어)		(술어)		(술어)		
苏东坡	仔细	考察	以后,	带领	百姓们	疏通	了	西湖。
소동파는	자세히	조사하다	이후에	이끌다	백성들을	준설하다		서호

- **常常** : 부사 '常常'은 '늘, 항상, 자주, 수시로, 언제나'의 뜻을 가지고 있다.

  1) 韩国夏天常常下雨。

  2) 奶奶夜里常常失眠。

- **为了** : 개사 '为了'는 '…을 하기 위하여'의 뜻을 가진 개사로 단순 명사보다는 명사구 이상을 이끈다.

  1) 为了妻子和孩子，他放弃了自己的梦想。

  2) 来，为了我们的友谊，干杯。

4 百姓们为了感谢苏东坡，送给他很多猪肉和黄酒。

백성들은 소동파에게 감사하기 위해, 그에게 많은 돼지고기와 황주를 보냈다.

문장분석

百姓们	为了	感谢	苏东坡，	送 (술어)	给	他	很多	猪肉和黄酒。
백성들	~위하여	감사하다	소동파	선물하다		그	많은	돼지고기와 황주

● **送给** : 동사 '送'은 '선물하다, 보내다'의 의미를 가진다. '给'는 보어로 '… 에게 보냈다, 선물했다'의 뜻을 의미한다.

1) 朋友送给我一件生日礼物。

2) 单身母亲把自己的孩子送给了别人。

5 苏东坡让厨师把肉块放进大坛里，做出一道美味，他把这道菜送给百姓们吃, 百姓们称这道菜为“东坡肉”。

소동파는 요리사에게 고기 덩어리를 큰 항아리에 담아 맛있는 음식을 만들게 하였으며, 그는 이 요리를 백성들 먹도록 보냈고, 백성들은 이 음식을 ‘동파육’이라고 불렀다.

문장분석

(술어)

苏东坡 让 厨师 把 肉块 放进 大坛里,

소동파 ~하게 하다 요리사 ~을 고기덩어리 집어넣다 큰 항아리 안에

(술어) (술어)

做出 一道 美味, 他 把 这 道菜 送给 百姓们 吃,

만들어내다 한가지 맛있는 요리 그는 ~을 이 요리 보냈다 백성들 먹다

(술어)

百姓们 称 这道菜 为 “东坡肉”。

백성들 불다 이 음식 ~라고 동파육

- **让厨师** : ‘让’은 사역동사로 ‘…에게 …하게 하다, 시키다’의 뜻을 가진다. 이런 문장을 겸어문이라고 한다.

1) 他让我去银行帮他取钱。

2) 对不起，让您担心了。

6 由于东坡肉味道鲜美，很快就流传到了很多地方，而且代代相传，现在已经成了家喻户晓的名菜。

동파육의 맛이 일품이기 때문에, 매우 빠르게 많은 지역에 전해졌고, 게다가 대대손손 전해져 현재는 누구나 다 아는 유명 요리가 되었다.

문장분석

(술어) (술어)

由于东坡肉味道鲜美, 很快 就 流传到了 很多地方,

~때문에 동파육 맛있다 매우 빠르게 곧 널리 전해지다 많은 지역

(술어) (술어)

而且 代代 相传, 现在已经 成了 家喻户晓的 名菜。

게다가 대대손손 전해 내려오다 현재 이미 ~-되다 집집마다 다 아는 유명요리

- **由于** : 개사와 연사의 기능을 가진다. 뜻은 '…때문에, …으로 인하여'이며, 명사나 명사구를 이끌 때는 개사, 문장을 이끌어 복문에서 사용할 때는 연사로 활용된다.

  1) 由于台风，飞机没有起飞。

  2) 由于种种原因，我没有去中国留学。

- **而且** : 접속사로 '게다가, 뿐만 아니라, 또한'의 뜻을 가진다.

  1) 她不但漂亮，而且聪明。

  2) 我要回家了，天太晚了，而且作业还没写完。

■ 문법 더 이해하기

연동문

형식: 주어 + 서술어1 + 목적어 + 서술어2 + 목적어

하나의 주어에 두 개 이상의 서술어가 있는 문형을 **연동문**이라고 한다. 다음과 같은 문장들이 바로 **연동문**이라 할 수 있다.

1) 相传，宋代大诗人苏东坡，曾 去 杭州 做 官。
(去: 술1, 杭州: 목적어, 做: 술2, 官: 목적어)

2) 苏东坡仔细考察以后，带领 百姓们 疏通 西湖。
(带领: 술1, 百姓们: 목적어, 疏通: 술2, 西湖: 목적어)

[연동문의 특징]

① 서술어1이 동작의 방식을, 서술어2가 목적을 나타낸다.
② 서술어의 행위 순서에 따라 서술어1과 서술어2를 배치한다.

我们去饭馆儿吃饭。
他骑自行车去上班。

겸어문

형식: 주어 + 서술어1 + 겸어(서술어1의 목적어 겸 서술어2의 주어) + 서술어2

겸어문이란, 연동문과 비슷하게 서술어가 두 개 나오나, 서술어 1의 목적어가 서술어2의 주어가 되는 문장이다.

苏东坡 就 让 厨师 把肉块 放进 大坛里，做出一道美味，…… 。

술1 목적어(겸 주어) 술2

위의 문장처럼 "厨师"는 '让'의 목적어이면서 서술어2 '放进'의 주어가 된다. 이런 문장을 겸어문이라고 하며 서술어1에는 '让，请，使，叫'와 같은 사역동사가 자주 쓰인다.

我请他帮我讲讲数学。
你的话使我难过。
我叫他明天早点儿来。

중국 문화 더 알기

중국의 술과 차

중국의 술은 그 넓은 지역만큼이나 다양하고 오랜 역사를 가지고 있습니다. 산서성에서 출토된 유물로 볼 때 중국 술은 6천년 이상의 역사를 가지고 있습니다. 중국의 술은 제조법에 따라 증류주인 바이주(白酒)와 양조주인 황주(黃酒) 그리고 혼성주인 약미주(藥味酒) 로 나눌 수 있습니다. 각 지역의 대표적인 명주를 추려서 중국 8대명주라고 하는데 약간의 차이는 있지만 마오타이저우(茅台酒), 우량이에(五粮液), 양허따취(洋河大曲), 시펑저우(西鳳酒), 펀저우(汾酒), 루저우라오쟈오(泸州老窖), 구징꽁저우(古井貢酒) 동저우(董酒)를 들 수 있습니다.

중국 8대 명주

중국의 차는 2천년 전 서한시대부터 차를 재배하고 상품으로 거래었습니다. 이로 볼 때 그 오랜 역사를 짐작할 수 있습니다. 이후 당대(唐代)에 들어서 민간에 보급되었고, 티벳을 통해 서양에 보급되었습니다. 지역별로 북방은 향이 강한 화차(花茶)나 홍차(紅茶)를 선호하고, 강남지역은 룽징차(龍井茶), 비뤄춘(碧羅春) 같은 녹차(綠茶)를 서남지역은 보이차(普洱茶)를 선호하며, 복건과 광동, 타이완지역은 우롱차(烏龍茶)를 선호한다고 합니다.
차는 제다(製茶) 방법에 따라 불발효, 반발효, 전발효, 후발효차로 나누어지며 형태에 따라서는 찻잎 모양 그대로 제조한 산차(散茶), 가루로 만들어 마시는 말차(抹茶), 쪄서 압축시킨 긴압차(緊壓茶)로 나눕니다.

칼처럼 서는 모봉차

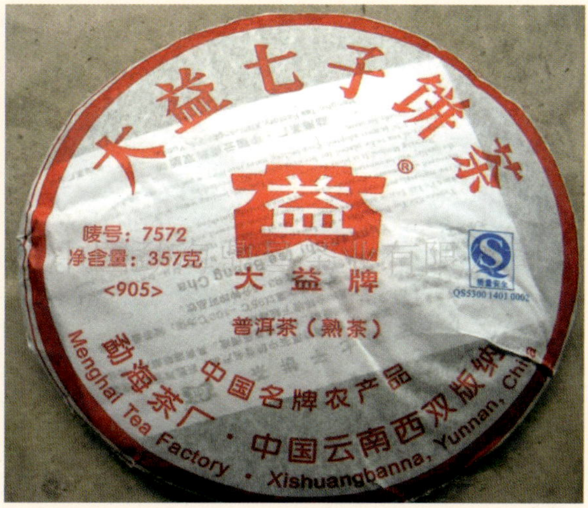

운남성의 대표적인 차 보이차